'우리'라는 신화의 폭력 2

기사연 책 시리즈 2

'우리'라는 신화의 폭력 2
: 한국의 인종주의와 그리스도교

2025년 10월 31일 처음 펴냄

지은이	강슬기 김혜령 정경일 조민아
엮은이	한국기독교사회문제연구원(기사연)
펴낸곳	도서출판 동연
펴낸이	김영호
주 소	서울시 마포구 월드컵로 163-3
등 록	제1-1383호(1992. 6. 12.)
전화/팩스	02-335-2630 / 02-335-2640
이메일	yh4321@gmail.com
인스타그램	instagram.com/ dongyeon_press

Copyright ⓒ 한국기독교사회문제연구원, 2025

이 책은 저작권법에 따라 보호받는 저작물이므로 무단 전재와 복제를 금합니다.
잘못된 책은 바꾸어 드립니다. 책값은 뒤표지에 있습니다.

ISBN 978-89-6447-439-6 04300
ISBN 978-89-6447-276-7 04300 (기사연 책 시리즈)

기사연 책 시리즈 2

RACISM AND CHRISTIAITY IN KOREA

'우리'라는 신화의 폭력 2

한국의 인종주의와 그리스도교

강슬기 김혜령 정경일 조민아 지음

동연

책을 펴내며

'기사연 책' 시리즈를 발간하며

1979년, "교회 갱신과 사회변혁"을 표방하며 출범한 한국기독교사회문제연구원(이하 기사연)은 "기사연 리포트"를 비롯하여 "기사연 무크", "기사연 연구총서" 등 총 200여 권에 이르는 연구 도서를 발행했습니다. 이 연구 도서의 주제는 민주화와 인권, 산업화와 노동, 가난과 경제 정의, 평화와 통일, 환경과 공해, 지방자치와 지역 운동, 농촌 경제 등 한국 사회의 핵심적인 문제들을 총망라했습니다. 엄혹했던 시기, 예언자적 소명과 비전으로 이루어 낸 결과물이었습니다.

지금 한국 사회는 다층적 위기에 봉착해 있습니다. 이 위기는 12.3 내란 사태로 인해 그 골이 더 깊어지고 있습니다. 한국교회 역시 탈종교화, 청년 세대의 이탈, 보수화의 심화와 교회 갱신의 동력 상실 등으로 큰 위기에 놓여있습니다. 가장 염려스러운 대목은 개신교가 극우세력의 온상이 되어 사회대개혁의 큰 걸림돌로 작용할 것이라는 점입니다. 이는 한국교회가 복음의 본질에 충실하면서 시대적 과제들을 연구하고 성찰하는 일을 게을리한 결과라고 생각합니다. 이 반성 위에서 기사연은 한국교회, 특별히 에큐메니칼 공동체에 주어진 도전적 주제들에 관해 연구·성찰하고 교회와 사회개혁을 향한 대안을 제시하는 일에 더 열심을 내고자 합니다. '기사연 책' 시리즈 발간은 이러한 의지의 구체적인 표현입니다.

'기사연 책' 1권과 2권의 주제는 "한국의 인종주의와 그리스도교"입니다. 이 두 권의 목적은 "심각한 지경에 이른 한국 사회의 인종차별 문제를 구조적으로 이해하며, 인종주의의 정당화에 일조한 그리스도교 신학을 해체하고 재구성하는 것"입니다. 이 일을 통해 인종적 소수자들과 연대가 깊어질 것이며, 궁극적으로 인종주의를 송식할 발판을 마련할 수 있을 것입니다.

'기사연 책' 두 권을 기획하신 김진호 선생님과 2권의 필자이신 강슬기, 김혜령, 정경일, 조민아 선생님, 편집과 출간의 전 과정을 세심하게 살펴주신 도서출판 동연 김영호 대표님 그리고 출판 헌금을 해 주신 조창호 회장님께 깊이 감사드립니다.

2025년 10월

한국기독교사회문제연구원 원장 신승민

머리말

　인종주의 책을 기획할 때 한국 사회는 이 주제에 대해 거의 준비가 되어 있지 못했다. 드물게 인종주의를 다루는 학술대회나 출판물이 있기는 했어도 대다수 사람들에게 뜬금없는 논점처럼 여겨졌다. 혹자는 지나치게 서양적 논점이 아니냐고 되묻기도 했다. 이 책의 저자로 참여하기로 했던 이들도 어떻게 생각을 모아갈지, 어떻게 자신의 관심과 연계시켜 구체화할지 고민이 컸다. 해서 온라인으로 수차례에 걸쳐 내부 세미나를 했다.
　허덕이면서 하나씩 하나씩 험난한 고개를 겨우 넘어가고 있을 무렵, 느닷없이 계엄이 포고되었다. 그날 밤, 나는 심사가 복잡했다. 막연히 어디론가 숨어야 할 것 같았다. 그 밤 여의도로 가던 이웃들의 불안해하던 행렬을 보면서 나의 비겁함에 혼자 자책도 했다. 뉴스에서 눈을 떼지 못한 채 세상 돌아가는 걸 알아내려 안간힘을 썼다. 외신도 검색해 보려 떨리는 손으로 키워드를 찍었다. 귀는 티비 소리를 듣고, 눈은 모니터를 보고, 손은 키보드를 어지럽게 두들겨 댔다. 생각은 오만가지 갈래로 뒤엉켜 있었다. 그러는 중에 불쑥 끼어든 상념 중 하나는 '이 책을 못 내겠구나, 고생한 저자들에게 어떻게 말하지, 지금 미리 이메일이라도 보낼까, 기획자들에게 먼저 상의해야 하나, 그들에게 말할 기회가 없을 수도 있으니…' 하며 혼자서 갈팡질팡했다.
　다행이었다. 계엄은 미수로 끝났다. 역사는 중단될 뻔했지만, 신은 우리에게 기회를 주었다. 하지만 이후 하루하루가 썩은 나무다리를 건너는 느낌으로 전 국민이 불안한 행보를 했다. 그렇게 여섯 달 남짓 지나서 제1권이 발간되었다. 어느새 쿠데타의 시간은 거의 끝난 듯하고, 이제 포스트쿠데타의 시간을 어떻게 맞이해야 할지를 고민하는 과제에 직면하던 시절이었다. 한데 그 와중에 우리들의 머리를 거세게 후려치는 가시방망이 하나가 시야에 뚜렷한 형체로 들어왔다. 이미 헛방놓은 계엄의 날 이전부터 거센 폭풍우가 예감되었지만 둔한 우리는 알아채지 못한 것이다. '파시즘', 바로 그것이다. 하지만 신이 우리에게 준 기회의 시간은 여전히 유효했다. 아직은 유럽이나 미국, 그 밖의 세계 이곳저곳을 휩쓸고 있는 만큼의 강력한 기세는 아직 여기선 현실이 되지 않았다. 하여 지금은 포스트파시즘의 시간 또한 우리에게 주어진 숙제의 시간이다.

그런 일을 겪다 보니 어느새 '인종주의'는 더 이상 서양 얘기가 아닌 게 좀 더 명확해졌다. 많은 이들이 그렇게 생각하기 시작했다. 우리는 끊임없이 '적'을 발굴하려 안간힘을 쓰고, 그들에게 우리 모두가 짊어져야 할 짐을 떠넘겨 왔다. 그러는 와중에 '적에 대한 증오와 폭력의 정치'를 전문으로 하는 정치꾼들과 그런 광기에 몸을 싣고 있는 이들이 도처에서 난폭한 말과 행동을 내지르고 있다. 이제 인종주의는 먼 얘기가 아니라 바로 우리의 얘기이고, 우리 주변에서 우리 모두를 위태롭게 하는 사태로 체감되고 있다.

1권이 나오고 거의 반년 가까이 지나서 2권이 발간되었다. 1권은 다분히 이론적이거나 큰 틀의 역사 혹은 사회 현상에 초점이 있었다면, 2권은 다분히 현장적이다. 물론 모든 원고가 그런 것은 아니다. 다만

비중이 1권보다 2권이 구체적인 인종주의적 현장에 대한 분석을 다루는 글들이 더 많다.

내용은 읽으면 될 일이고, 여기선 특별히 언급할 사담을 조금만 늘어놓으려 한다. 우선 저자로 참여하기로 했던 민김종훈 자캐오 성공회 신부는 글을 마무리하지 못했다. 해서 그의 완성된 글은 부득이 독자와는 나중에 만날 수밖에 없게 되었다. 지금까지 한국 사회에서 벌어지는 숱한 인종 문제에 그가 얽히지 않은 게 없을 정도로 많은 일을 해왔는데, 글을 마무리해야 할 즈음엔 더 큰 과제들이 휘몰아쳤다. 그는 우리에게 너무나 미안해했는데, 저자들 모두는 그에게 미안했다. 그리고 독자들이 그 소중한 글을 이 책에선 볼 수 없게 되었기에 모두 마음이 아팠지만, 그를, 그의 건강을 기도했다. 또 하나, 가톨릭 인권 활동가이자 난민 연구자인 강슬기 선생은 만삭의 상태에서 글을 썼다. 그리고 글의 최종 원고를 넘기고 이틀 뒤에 출산을 했다. 그 절묘한 타이밍에 모두 환호성을 질렀지만, 더 감사한 일은 엄마와 아기 모두 건강하다는 점이다. 이 아기가 성장하는 모든 순간이 인종주의적 배제와 폭력이 없기를 우리 모두는 간절히 기도했다. 마지막으로, 미국에서 대학교수로 재직하고 있는 조민아 선생은 미국발 계엄 사태가 벌어질 것 같은 불길한 하루하루를 견뎌내며 매 순간 호흡이 멈춰버릴 것 같은 압박감에 괴로워했다. 아마도 말을 하지는 않았지만, 미국에서 교수로 재직하고 있는 이 두 책의 나머지 네 명의 저자들도 비슷한 심사로 하루하루를 견뎌내고 있을 것이다. 조민아 교수는 학교 온라인 게시판에 마음이 닿는 이들은 함께 기도회를 갖자고 하는 안내장을 내걸었다. 파시즘의 폭력은 어려 모양으로 각자의 삶에 끼어들어 오고 있다. 우리 각자는, 그이의 기도회에 참여하진 않겠지만, 각자 뭐든 하고 있다. 그리고 이 책의 발간도 '그 뭐든 하는 것'의 하나다.

1권에서도 했던 말을 여기서도 거의 그대로 덧붙인다. '기사연 책 시리즈'의 첫 번째와 두 번째 책으로 출간하도록 허락해 준 신승민 한국기독교사회문제연구원 원장님과 최형묵 책임연구원께 감사드린다. 궂은일 마다하지 않고 도맡아준 남연희 간사께도 우리 모두 고개 숙여 인사하지 않을 수 없다. 그리고 지나치게 신지한 책을 제작해 준 도서출판 동연의 김영호 대표께 감사드린다. 그들은 이 책 저자들의 무모한 도전에 공모한 무모한 용기의 장본인들이다. 또 동연의 박현주 편집장님을 포함한 모든 분께도 감사드린다. 이 책은, 더 괜찮은 것으로 만들어보려는 그들의 한숨 없이는 결코 나올 수 없었다.

책을 펼쳐보는 모든 이들, 그들이 읽어주는 글자 하나하나, 그것을 이야기하는 말 하나하나를 통해서만 이 책은 세상에 존재하는 것이 된다. 이들 모두가 책의 저자들이 됨으로써 이것은 비로소 살아 있는 책이 된다. 저자가 된 모든 이들과 함께, 더 나은 세상을 꿈꾸면서 유쾌한 웃음을 나누게 되었으면 좋겠다.

2025년 10월

김진호

차 례

책을 펴내며 / 5
머리말 / 7

1장 ㅣ 경기 동두천 거주 서아프리카 출신 난민 여성들의 젠더화된
    삶의 전략 _ 강슬기   13

    I. 여는 글   15
    II. 동두천 이주의 역사   20
    III. 아프리카 출신 난민들의 국내 이주   24
    IV. 왜 동두천인가?   31
    V. 사회적 안전망 부재 속 난민 여성들의 삶의 전략   35
    VI. 이주를 통한 정체성의 재구성   50

2장 ㅣ 현실주의적 타협에 만족하지 않은 그리스도인들을 위한 방법론
    ― "탈변증법적 이중 소명" _ 김혜령   57

    I. 서론   59
    II. 한국 사회와 인종주의   62
    III. 인종주의에 대항하는 기독교
       ― 현실주의에서 탈변증법적 이중 소명으로   78
    IV. 결론   96

3장 | 한국교회와 이슬람 혐오
　　── 인종주의와 종교적 배타주의의 교차성 _ 정경일　　99

　　I. 여는 말: 교회의 위기와 '세 타자'　　101
　　II. 서양과 서양 너머의 이슬람 혐오　　103
　　III. 한국 사회의 인종주의적 이슬람 혐오　　109
　　IV. 한국 개신교 교회의 이슬람 혐오　　115
　　V. 타자의 얼굴로 찾아오는 그리스도: '환대의 신학'　　121
　　VI. 맺는말: 우리는 모두 무슬림이다　　125

4장 | 초국적(transnational) 지대의 여성들
　　── 기지촌 지역에서의 빈곤과 성(性)의 인종화 _ 조민아　　131

　　I. 여는 글　　133
　　II. 1990년대 이전의 기지촌: 성(性)과 빈곤 그리고 인종화　　136
　　III. 민족주의와 인종주의의 결합
　　　: 국가의 이름으로, 탈식민 저항의 명목으로　　142
　　IV. 오늘의 기지촌 ─ 1990년대 이후　　146
　　V. 1990년대 이후 기지촌에서 성(性)과 빈곤 그리고 인종화　　151
　　VI. 초국적 공간에서의 민족주의와 인종주의　　154
　　VII. 가해와 피해의 도식을 넘어　　158
　　VIII. 인종주의에 대응하는 신학적 성찰과 실천을 위한 제안　　161
　　IX. 마무리하며　　166

지은이 알림 / 169

1장

경기 동두천 거주 서아프리카 출신 난민여성들의 젠더화된 삶의 전략

강슬기

I. 여는 글

국제적으로 난민 문제가 가장 큰 현안으로 대두됨에 따라 한국 사회에서도 국내 난민에 대한 관심이 높아지고 있다. 2018년 제주도에 500여 명의 예멘 난민이 유입되면서 그동안 국내에서 사회적으로 주목받지 못했던 난민 문제가 표면화되었다. 제주 예멘 난민 정착에 대한 한국 사회의 여론과 인식은 매우 부정적이었다. 제주 예멘 난민들의 대거 입국 소식 이후 난민 수용 반대 세력들은 난민법, 무사증 입국제도, 난민 신청 허가 폐지를 주장했고, SNS에는 이슬람 혐오와 가짜 뉴스들이 여과 없이 퍼졌다. 국가와 언론은 난민 비호에 대한 절차상의 공정함을 지켜내지 못했고 객관적인 정보와 입장도 제공하지 못했다.[1] 이와 같은 혼란은 국내에서 난민 문제를 긴급하고 위험한 문제로 인식하게 만들었고 난민 반대 목소리는 지역 곳곳에 스며들었다.

2019년 9월 필자가 속한 천주교의정부교구 이주사목위원회에서는 경기도 동두천시 보산동에 '가톨릭난민센터'라는 이름의 건물을 설립하고 정식으로 개소할 예정이었다.[2] 그러나 건물 축복식이 있었던 2019년 8월 29일 바로 다음 날 72명의 동두천시 주민들이 동두천시청에 난민센터

---

* 글에 나오는 난민 여성들의 이름은 모두 가명임.
1 김현미, "난민 포비아와 한국 정치적 정동의 시간성," 「황해문화」 101(2018. 12), 212.
2 박지순, "난민 환대의 구심점 '가톨릭난민센터' 축복," 「굿뉴스 가톨릭뉴스」 2019. 09. 03., https://news.catholic.or.kr/WZ_NP/section/view.asp?tbcode=SEC01&cseq=0&seq =156681 (검색일 2022년 6월 30일).

설립 반대 의견과 함께 서명서를 제출했다. 8월 31일 결국 교구는 건물 간판을 내리고 반대 주민들과 협의할 것을 약속하고 가톨릭난민센터 개소는 미뤄지게 되었다. 반대 주민들 사이에서 제주 예멘 난민을 포함한 전국의 난민이 동두천 센터로 몰릴 것이며, 센터가 난민 700명이 지낼 수 있는 수용시설이라는 가짜 뉴스가 확산하며 반대 목소리는 점점 커지기 시작했다. 이에 교구는 주민 간담회를 센터에서 개최하여 주민들이 직접 센터를 보게 함으로써 센터가 수용시설이라는 가짜 뉴스에 대한 오해는 축소시켰다. 하지만 여전히 40여 명의 반대 주민들은 계속적으로 소음, 치안, 지역개발 저해 등의 이유를 내세우며 센터 개소를 반대했다. 반대 주민들은 '난민센터 설치반대 보산동주민위원회'를 조직하고 2020년 4월 20일 센터 앞에서 반대 집회를 열었다. 그들의 메시지는 아래와 같았다.

1. 주민의 안녕과 질서를 파괴하는 행위를 즉각 중단하라!
2. 주민이 받는 불안, 초조, 위험으로 인한 고통을 배려하지 않고 이방인의 급식과 모임의 장을 제공하는 배려가 우선인가!
3. 70년의 보상도 없는 고통분담이 또 이것으로 고통을 받아야하는가!
4. 가톨릭의 포교에만 눈이 어두워 주민의 평온과 안녕을 외면하는가!
5. 주민에 고통을 주는 가톨릭센터는 즉각 철수하라!
6. 신부님의 지위는 이런 것인가!
7. 자국민 위협하는 난민정책 즉각 중단하라!
8. 국제난민 살리려다 보산주민 다 죽인다!
9. 주민동의 없는 난민센터 결사반대!
10. 내 집 앞에 난민촌이 웬 말이냐!
11. 최용덕 시장은 주민의 안녕을 외면하는 시장이냐!
12. 지역발전 원했는데 난민센터 웬 말이냐!
13. 어떤 범죄자인지도 모르는 난민 맘껏 활보하고 선량한 주민은 불안에 숨어 지낸다!
14. 내 고향 보산동 이제는 난민동이 무슨 말이냐!
15. 난민을 증가시키고 주민은 불안 속에 떠나야 하는 신세가 웬 말이냐!

반대 주민들의 메시지에서 나타나는 문구를 살펴보면, 난민들을 아무 근거 없이 범죄자와 잠재적 위협으로 낙인찍고, 국가 폭력의 피해 경험을 인종차별 정서와 결합해 분노를 정당화하고 있다. 나아가 '주민이 먼저'라는 구호를 내세워 비국민인 난민의 권리에 대한 차별과 배제를 합리화하고 있다. 동두천이 갖고 있는 주한미군 주둔이라는 지역 특수성과 반대 주민들의 목소리에 담긴 울분 그리고 그들의 "미군들이 빠지면서 어쩔 수 없이 먹고 살려고 외국인 받은 거야", "돈 되는 미군은 웰컴인데, 돈 안 되는 흑인은 싫어" 등의 증언들을 함께 고려하면, 이 현상은 단순히 난민혐오를 넘어 여러 사회적, 정치적 요인이 맞물려 드러나는 한국 사회의 복합적인 인종주의를 보여준다.

난민센터 개소를 위해 교구는 동두천 성당 신자를 대표로 하여 반대 주민들과의 협의를 이끌어 왔다. 몇 차례의 주민 간담회를 가진 끝에 2020년 5월 26일 반대 주민들의 요구사항을 반영하며 최종 합의하고 2020년 7월 개소하였다. 반대 주민들의 주요 요구사항은 ① 센터명을 '가톨릭난민센터'에서 '동두천가톨릭센터'로 변경 ② 1층 아동공부방 신분 확실한 20명 내로 운영 ③ 센터 주변 펜스 설치 등이었다.

이처럼 인종주의 정서 위에 겹겹이 쌓인 난민 정착에 대한 우려는 한국 사회에서 난민에 대한 인식과 수용력을 낮추는 주요 요인으로 작용하며 난민 지위를 인정받는 것 자체도 매우 어려운 상황이다. 2024년 한 해 동안 난민 지위를 인정받은 사람은 총 105명으로 2024년 난민 인정률은 1.75%이다.[3] 한국은 1992년 유엔 난민협약에 가입했으며, 2001년에 처음으로 난민 인정자를 배출했다. 한국의 유엔 난민협약 가입 배경에는 북한이

탈주민에 관한 강제송환 금지를 중국 정부에게 요구하기 위한 외교적 환경으로서 한국 정부의 이행을 보여주기 위함이었다. 난민을 보호하고자 하는 정부의 의지보다 한국 정부의 위상 제고를 위해 활용할 목적이 있었다. 2012년 아시아 최초로 독자적인 난민법을 제정하였는데, 이 또한 정부에서 먼저 시작한 것이 아니라 의원입법 형태로 시민사회의 제안이 받아들여져 제정되었다.[4]

한국은 난민협약을 비준하고 독립된 이행법률로서 난민법을 제정하였음에도 세계에서 가장 낮은 수준의 난민 인정률을 갖고 있다. 한국으로 피난하는 난민들은 늘고 있지만 난민 보호를 둘러싼 사회적 합의와 제도적 대응은 점차 나빠지고 있다. 2001년 한국에서 최초로 난민 인정을 받은 아프리카 출신 남성이 결국 국내에서의 힘든 삶을 극복하지 못하고 이탈리아로 재이주했다는 소식[5]은 현재의 지원체계와 제도가 난민들에 대한 사회적 배제를 정당화하고 소외를 가중시키고 있음[6]을 알 수 있다.

---

[3] 난민 인정률은 해당연도 심사결정자 수 대비 인정자를 계산한 값이다. 2024년의 심사결정 건수는 총 5,610건(재정착 난민을 제외한 난민 인정 98건, 인도적 체류허가 101건, 난민불인정 5,404건, 재정착 7건)으로, 난민 신청자 중 105명이 심사와 소송을 통해 난민 인정받았고, 이 가운데 66명은 가족결합을 사유로 인정받았다. 오로지 법무부의 심사를 통한 인정건수는 24건이다. 유엔난민기구가 인정한 난민을 초대하는 재정착 난민이 7명이다. "[통계] 국내 난민 현황(2024. 12. 31. 기준)," 난민인권센터 자료, 2025.02.22., https://nancen.org/416306 (검색일 2025년 9월 17일).

[4] 이일, 「난민협약과 난민법의 현재와 미래」, 난민협약 가입 30주년, 난민법 제정 10주년 국제학술대회 기조발제 (2022. 06. 09.).

[5] 한겨레21, "어디서 살고 있나," 한겨레21 제980호, 2013. 10. 07., https://h21.hani.co.kr/arti/cover/cover_general/35461.html (검색일 2022년 3월 2일).

[6] 박순용·서정기·박진숙, 『대한민국에서 난민으로 살아가기』(집문당, 2020), 87.

이 글은 앞서 언급한 현실에서 아프리카 출신 난민 여성들을 둘러싼 인종주의적 배제와 사회 문화 · 경제적 조건의 영향을 강하게 받으며 취하는 삶의 전략은 어떤 방식으로 구체화되는지, 또한 난민 여성이 이주한 장소의 전유와 협상 그리고 전복을 통해 정체성을 재구성하는 과정에 주목하려고 한다. '아프리카', '난민', '여성'이라는 정체성 그리고 이들이 이주하여 정착한 곳이 '동두천'이라는 지역의 특수성에 염두를 두고 기지촌의 일상사, 공간의 변화 과정에서 공존하는 이주민과 난민 그리고 이들이 만들어내는 이주의 역동성을 살펴보고자 한다. 이주민들은 자신의 문화를 이식하면서 새로운 장소의 특성을 만들어가는 단순히 정착 대상 사회에 적응하는 존재가 아닌 행위 주체성을 갖는다. 정착 사회에서 자신들의 공간을 만들며 다양한 사회적 관계를 형성하고 결국 정착 사회를 변화시킨다.7 난민들을 행위의 주체자로 보고 그들이 한국 사회 안에서 만들어내는 역동성과 역할에 주목하고 구조적인 폭력으로 인한 이주8를 전제로 난민들의 능동적인 선택을 제대로 바라보는 노력이 필요하다.

또한 동두천 거주 전체 난민, 난민 신청자, 인도적 체류자 중 24%가 난민 여성임에도 불구하고9 본국의 종교나 관습으로 인해 여성의 인권이

---

7 이용균, "이주자의 주변화와 거주공간의 분리 - 주변화된 이주자에 대한 서발턴 관점의 적용 가능성 탐색," 「한국도시지리학회지」 16/3 (2013), 88.
8 슬라보예 지젝은 글로벌 자본주의의 동력과 군사개입 과정에서 난민 발생의 원인을 찾아야 하며 '신 세계질서'의 지속적 혼란이 난민 발생의 진원지라 보고 있다. 슬라보예 지젝, 『난민과 테러의 진정한 원인 새로운 계급투쟁』 (자음과 모음, 2016), 53.
9 법무부 출입국·외국인정책본부, "2024년 12월 출입국외국인정책 통계월보," 외국인정보빅데이터팀, 2025.01.20., https://www.immigration.go.kr/immigration/1569/subview.do.

고려되지 않는 배경을 지닌 경우, 성인 남성이 주가 되어 난민들의 목소리를 내고 있는 실상으로, 난민 여성의 실태와 취약성을 드러내기가 더욱 어려워진다. 특히 난민 여성은 입국 과정에서 난민 신청 과정, 정착 과정까지 임신, 영유아 자녀 동반, 싱글맘 등 특수한 상황을 갖고 살아감에도 지원 체계가 미비하며 제도 이용에 구조적 장벽을 마주하게 된다. 난민 여성은 남성과는 다른 유형의 박해를 본국에서 경험할 수 있으므로 젠더 차이를 살펴보며 이에 대한 성찰이 필요하다. 따라서 난민, 인종, 젠더가 결합된 다층적인 상황에 놓인 난민 여성들이 만드는 삶의 전략과 수행성에 집중한다.

이를 위해 먼저 동두천의 역사성을 살펴봄으로써 지역적 특성을 파악하고, 이어 아프리카 출신 난민들의 동두천 이주와 정착 과정을 분석함으로써 동두천이 겪는 변화를 이해하는 데 초석을 마련하고자 한다.

II. 동두천 이주의 역사

동두천은 군정이 실시되던 해방공간에서 분단의 기준점인 38도선이 한탄강 남안을 지나기 때문에 남북 분계선의 남측 최북단에 위치하게 되어 당시의 남북 관계의 혼란과 대립을 가장 첨예하게 겪어야 하는

(검색일 2025년 9월 20일).

상황을 맞게 되었다.10 3.8선의 분단이 고착되면서 동두천은 월남해 오는 북한 피난민의 주요한 도착점이 되었다.11 동두천에는 몰려드는 피난민을 수용하기 위한 임시수용소가 설치되었다.12

동두천은 한반도 중앙에 위치한 이유로 한국전쟁 때 최대 격전지 중 한 곳이었다. 사방이 산악으로 둘러싸여 전략적 방어에 유리한 지형과 경원선과 동두천역 그리고 국도 3호선을 포함하는 교통시설은 한국전쟁 당시 북한군의 진격을 막을 통로가 필요했던 주한미군에게 동두천에 주둔하는 주된 요인으로 작용하고, 이들은 1951년 7월부터 동두천에 주둔하기 시작하였다. 주한미군이 자리 잡게 되면서 강제적으로 재산을 모두 빼앗긴 채 쫓겨난 원주민들도 발생하였다.13

한국전쟁을 치르면서 동두천은 많은 변화를 겪는다. 전쟁이 발발한 이래 처음 1년간은 뺏고 빼앗기는 기동 전투가 반복되어 1950년 6월 26일부터 그해 9월 말까지 북한 주민으로서, 그해 9월 말부터 12월 말까지 남한 주민으로, 다시 1951년 1월부터 3월 말까지 북한 주민으로 살았고 그해 4월 이후부터 다시 남한의 주민으로서 신분이 뒤바뀌는 삶을 살게 된다.14

---

10 동두천시시사편찬위원회, 「동두천시 30년사 제3권」, 『동두천시』 (2012), 337.
11 동두천시시사편찬위원회, 「동두천시 30년사 제2권」, 340.
12 동두천시시사편찬위원회, 「동두천시 30년사 제2권」, 341.
13 김병섭, 『한국의 근대공간은 어떻게 형성되어 왔는가(근대공간 박물관 동두천에서 답을 얻고 성찰하다)』 (지샘, 2012), 30.
14 동두천시시사편찬위원회, 「동두천시 30년사 제2권」, 412.

해방과 함께 들어온 주한미군에 의해 새로운 외국인 공동체가 형성되기 시작한다.15 동두천에는 많은 외국인과 외국군들이 밀려 들어왔다가 떠나갔으며 짧게는 몇 달, 길게는 수십 년을 머물다 떠나갔다.

1953년 7월 27일 드디어 휴전이 조인되고 1954년 한미상호방위조약이 발효된다. 그리고 1966년 7월 주둔군지위협정(SOFA: 소파)이 체결되었다. 1960년대 말 미군 부대에 고용된 한국인 직원들의 숫자는 6만 명을 넘어서며, 당시에 가장 안정되고 선호하는 직업으로 인식되었고 생존을 위해 외지인들이 기지촌으로 몰려들게 되었다. 1967년도 동두천읍 인구는 총 60,488명이었는데, 이 중에서 원주민은 8,417명으로 전체 인구의 14%에 불과, 전입자가 52,071명으로 전체 인구의 86%에 달했다. 전입인구 중 북한 출신이 32%로 가장 많았고, 그다음은 전라도 출신이 16%로 많았다.16 1971년 처음으로 동두천 지방행정사 인구 현황에 외국인 등록 현황[17]이 포함된다. 이후 외국인 통계자료는 보이지 않다가 다시 1975년에 외국인 등록 현황[18]이 국가별로 기록되는 것을 발견할 수 있다.

미군이 주둔한 1950년대부터 1970년대까지 동두천의 중심은 보산동과 광암동이었다. 보산동과 광암동에서 미군 전용 클럽이 벌어들인 외화는

---

15 박세훈, "한국의 외국인 밀집지역 : 역사적 형성과정과 사회공간적 변화,"「도시행정학보」 23(1) (2010. 03), 77.
16 동두천문화원,「동두천 지방행정사: 이담의 발자취」,『동두천문화원』(2002), 124.
17 인구 77명(남 40명, 여 37명), 18가구. 동두천문화원,「동두천 지방행정사: 이담의 발자취」, 151.
18 인구 73명(남 46명, 여 27명), 중국(남 39명, 여 23명), 미국(남 6명, 여 1명), 캐나다(남 1명, 여 2명). 동두천문화원,「동두천 지방행정사: 이담의 발자취」, 189.

1967년 한해에만 약 40만 달러에 이르렀다. 동두천 기지촌은 1970년대까지 흑백 갈등이 심각했고, 캠프 케이시 정문을 기준으로 북쪽의 클럽들은 흑인 전용 클럽, 남쪽은 백인 전용 클럽으로 자리 잡았다. 클럽 여성들도 흑인 전용, 백인 전용 등 구분된 영업을 강요당했고 백인 상대 여성은 '쌀밥', 흑인 상대 여성은 '보리밥'이라 불리며 차별을 당했다.[19]

한국에 미군들이 장기 주둔하면서 약 3만 명의 혼혈인이 태어났고, 1971년 약 7천 명이 해외로 입양되었다. 혼혈인 중 백인계가 70%였고 나머지가 흑인계였다.[20] 1961년부터 1976년까지 동두천에서 태어난 혼혈인은 총 803명이었고, 이들 대부분이 미국으로 간 것으로 추정된다.[21]

1988년 서울에서 올림픽을 치르고 경제 강국으로 부상하면서 기지촌 문화는 급속히 쇠락하였다. 1992년 동두천에서 일어난 고 윤금이 사건은 동두천뿐만 아니라 한국 여성들의 기지촌 유입을 급격히 감소시키는 계기로 작용한다.[22] 한국인 성매매 여성이 크게 줄어들며 기지촌 클럽 업주들은 '한국특수관광협회'를 통해 이주 여성들에게 예술흥행(E-6) 사증을 발급하며, 필리핀, 베트남, 중국, 우즈베키스탄, 러시아 등에서 미군 상대 성매매 여성을 수입하기 시작한다. 그 결과, 현재는 많은 클럽에서 일하는 노동자가 한국인 여성에서 거의 이주 여성으로 대체되었다.[23]

---

19 홍성철, 『유곽의 역사』, (페이퍼로드, 2007): 206-207.
20 동두천시시사편찬위원회, 「동두천시 30년사 제2권」, 443.
21 김병섭, 「한국의 근대공간은 어떻게 형성되어 왔는가」, 27.
22 홍성철, 「유곽의 역사」, 291.
23 동두천시시사편찬위원회, 「동두천시 30년사 제2권」, 437, 441.

클럽만이 이주 여성으로 대체되는 것이 아니었다. 1988년 이후 노동자 대투쟁 등으로 인해 노동자의 임금이 상승하고 국민소득의 증가로 이른바 3D산업 기피 현상이 나타나기 시작한다. 그리고 1991년 '산업 연수생 제도'가 도입되고, 노동력 부족에 시달린 임금이 낮고 노동조건이 좋지 않은 3D 산업체들은 부족한 노동자들을 이주노동자로 대체하게 되었다. 이후 현재 동두천에서 증가하고 있는 체류유형은 난민이라고 볼 수 있다.

III. 아프리카 출신 난민들의 국내 이주

2024년 12월 31일 기준 국내 등록 외국인(1,488,353명)은 권역별로 수도권에 732,942명 거주하고 있으며 경기도에 467,398명이 거주한다.[24] 동두천시 등록 외국인 현황은 총 4,258명으로 동두천에 거주하는 외국인 인구의 수가 절대적으로 많은 것은 아니다. 흥미로운 점은 동두천의 난민 거주 비율이 13%로, 경기도 31개 시·군 가운데 가장 높다는 것이다.[25] 두 번째는 연천군으로 10%, 세 번째는 포천시로 9%이며, 모두 동두천 인근 지역에 위치해 있다. 또한 동두천 난민 거주 비율 13%의 70%가

---

[24] 법무부 출입국·외국인정책본부, "2024년 12월 출입국외국인정책 통계월보―등록외국인 지역별·세부체류 자격별·국적별 현황." 이는 등록외국인 현황으로 출국기한 유예자와 미등록 체류자는 포함되어 있지 않다.
[25] 법무부 출입국·외국인정책본부, "2024년 12월 출입국외국인정책 통계월보―등록외국인 지역별·세부체류 자격별·국적별 현황."

아프리카 대륙 출신이라는 점이다. 나이지리아의 경우 전국에 2,566명의 등록 외국인이 체류하고 있으며, 이 가운데 535명(21%)이 동두천에 거주한다. 라이베리아는 470명 중 121명(26%)이 동두천에 거주한다. 동두천시 등록 외국인 국적별 현황을 보면 필리핀이 610명으로 가장 많고, 나이지리아가 535명으로 두 번째로 많다.

1980년대 한국은 국제 노동 분업에서 한국 자본의 역할과 한국 경제 축적구조의 변화 속에서 이주 송출국에서 목적국으로 전환하게 된다. 이 시기에 한국 기업들은 값싼 노동력을 찾아 아시아 나라들로 해외투자를 하고 생산시설을 이전하기 시작했다. 생산비용 절감을 위해 한국 재벌들은 한국 내에서 외주화와 하청화를 본격화하고 해외로 확장할 수 없는 중소기업들은 재벌 중심의 수직적 하청 생산 체계에 편입되었다. 동시에 1987년 노동자대투쟁은 더 나은 노동조건과 임금인상을 실현했고, 노동자들의 지속적 임금인상 요구에 직면한 기업들은 이주노동자들을 받아들이기 시작했다. 비용 절감을 위해 해외로 이전하지 못하는 농축산어업, 건설업도 이주노동자를 고용하게 되었다. 이렇게 한국 축적 체제의 가장 낮은 층에 이주노동자들이 들어왔다.

1987년 이후 이주노동 제도가 없는 상황에서 단기 비자, 관광비자 등을 통해서 이주노동자들이 유입되기 시작하였다. 이주노동자들이 늘어나고 중소기업 등에서 요구가 지속되자 미등록 노동자들을 사실상 묵인해 온 정부는 1991년 11월에 법무부 훈령으로 '해외투자기업연수생제도'를 시행하였다. 해외투자기업연수생제도 시행에도 중소기업 인력난은 해소되지 못했고, 정부는 기업들의 요구를 받아들여 1993년 11월에 산업연수생

제도를 도입하였다.26 그러나 산업연수생제도는 이주노동자를 연수생으로 보고 노동자로 인정하지 않으면서, 여권 및 통장 압류, 폭행, 저임금, 산재 미적용, 임금 미지급, 퇴직금 미지급, 브로커 횡포, 송출 비리 등 인권과 노동권이 유린되며 '현대판 노예제도'로 불렸다. 이에 대부분의 연수생들은 사업장을 이탈했고 2002년에 이르면 미등록 체류 비율이 80%에 달했다.27

2003년 8월에 고용허가제법(외국인근로자의 고용 등에 관한 법률)이 국회에서 통과되고 2004년 고용허가제 실시 이후 병행 실시되다가 2007년에 최종적으로 고용허가제로 일원화되었다.28 고용허가제 외국인 근로자 도입국가는 2025년 기준 필리핀, 베트남, 태국, 인도네시아, 스리랑카, 몽골, 우즈베키스탄, 파키스탄, 캄보디아, 중국, 방글라데시, 키르기스스탄, 네팔, 미얀마, 동티모르, 라오스, 타지키스탄 17개국이다.29

외국인력정책위원회에서 선정하지 않은 국가의 경우 원천적으로 한국으로의 이주노동에서 배제된다. 앞에서 확인할 수 있듯이 아프리카권 노동자들은 한국의 이주노동자 정책 대상에서 전혀 고려되지 않았고

---

26 정영섭, 『한국사회 이주노동자의 역사와 현실』, 2016 민주노총 이주노동자 상담·법률학교 이주노동자운동후원회 (2016), 6.
27 정영섭, 「한국사회 이주노동자의 역사와 현실」, 7.
28 고용허가제는 연수생이 아니라 노동자로서 이주노동자를 대하는 제도인데 이 역시 사업장 이동 제한, 업종 이동 제한, 고용주의 재고용 권한, 짧은 체류 기간 등 사실상 강제노동에 가깝다. 정영섭, 「한국사회 이주노동자의 역사와 현실」, 8.
29 한국산업인력공단, "외국인고용지원," 한국산업인력공단, https://www.hrdkorea.or.kr/1/3/3/1/1 (검색일 2025년 9월 17일).

포함된 적이 없다. 이주노동 정책의 도입과정에서도 아프리카권은 한국 정부의 관심 밖이었고 아프리카권 노동자들은 개별적으로 한국으로의 노동 이주를 계획해야 했다. 아프리카인들이 한국 노동시장에 유입되기 시작한 것은 1990년대 초반으로 인천항에서 하역부로 잡일을 하던 가나 출신의 미등록 이주노동자들로 보고 있다.30 이들의 숫자가 늘어나며 서울의 이태원으로 진출해서 일자리를 찾기 시작했다. 1970년대에 나이지리아를 통해 한국의 섬유류 제품 등의 대 아프리카 수출이 이루어졌고, 1990년대부터 한국-아프리카 무역 거래가 점진적으로 늘어났다. 나이지리아 현지에 진출한 한국인 사업자들을 통해 나이지리아 사람들은 한국을 접하게 되고, 무역을 위해 한국을 왕래하던 나이지리아 사업가들이 주변에 한국을 소개하였다. 현지에 1990년대 초기에 먼저 이주한 아프리카 이주노동자들을 통해 한국의 경제 사정과 임금수준 등 구체적인 정보가 공유되면서 1990년대 중반부터 국내 유입되는 아프리카 출신 이주노동자들의 수가 늘어나게 된다.31

아프리카 출신 사업가들과 이주노동자들의 급증으로 아프리카 현지에서 한국이 알려진다. 2012년 국내 난민법이 제정되고 관광산업 촉진을 위한 무비자 협정 국가를 늘리는 시기가 맞물리며 한국을 선택하여 입국하는 난민들이 급증한다. 이로써 아프리카 출신 난민들의 한국 입국 경로가

---

30 한건수, "국내 아프리카 이주노동자의 유입과정과 실태," 「한국아프리카학회지」 21 (2005년 6월), 225.
31 한건수, 「국내 아프리카 이주노동자의 유입과정과 실태」, 226.

다양해진다. 필자가 현장에서 만난 아프리카 출신 여성 상당수는 본국과 공동체의 묵인하에 행해지는 젠더 박해로 본국을 떠나야 하는 상황이었다. 그러한 상황에서 이들에게 전통 혼례 중에 치러지는 '신붓값'32은 입국 경로와 상관없이 한국으로 이주하게 된 중요한 계기로 작용하였다.

사하라 이남 아프리카 사회의 약 90%를 포함해 전체의 75%가 전통적인 '신붓값'을 지불하는 지역에 살고 있으며,33 신붓값은 결혼의 필수 요소이자 부계 중심 사회에서 여성의 소속과 자녀의 합법적 권위를 결정하는 관습으로 자리 잡고 있다. 과거에는 신랑이 신부의 농장에서 장기간 노동하는 방식이 신붓값이었지만,34 근대화·산업화로 농촌에서 도시로 이주하면서 노동력이 돈·물품(소, 팜유, 옷 등)으로 대체되었다.35 신붓값은 두 가족

---

32 마리아 미즈는 여성에 대한 폭력과 계속되는 자본의 원시적 축적이라고 명명한 문제에 대해 인도의 여성들이 겪는 지참금 살해, 여성 살해, 강간 세 가지 폭력 사례를 소개하며 이는 근대적이고 사회적인 현상임을 강조한다. 결혼지참금은 "1) 신부를 주는 가족과 받는 가족 사이의, 2) 남성과 여성 사이의 비대칭적이고 강탈적인 관계, 구조적으로 결혼에 지나친 의미를 부여하는 상호적이지 않은 관계를 분명히 보여주는 것"이라 설명한다. 제3세계 여성에 대한 폭력은 전 지구적 "자본주의의 본질적인 부분"이며, 여성을 '가정주부화'하여 그 노동력을 착취하고, 나아가 생산수단으로서 여성의 몸을 지배하려는 시도이다. 마리아 미즈, 『가부장제와 자본주의 - 여성, 자연, 식민지와 세계적 규모의 자본축적』 (갈무리, 2019), 308-363. 본문에서 다루는 '신붓값'(bride price)은 신랑 가족이 신부 가족에게 지급하는 것으로, 신부 가족이 신랑 가족에게 지급하는 '지참금'(dowry)의 지급 형태와 차이가 있다. '신붓값'은 국가, 지역, 공동체 맥락에 따라 달라지며, 본문에서 제시한 사례는 필자가 활동하는 현장의 공동체 경험에 근거한 것으로 아프리카 전역에 일반화할 수 없다.

33 Hudson, V.M. & Matfess, H., "In plain sight: The neglected linkage between bride price and violent conflict," *International Security* 42:1 (2017), 10.

34 Ademiluka, S.O., "Bride price and Christian marriage in Nigeria," *HTS Teologiese Studies/Theological Studies* 77:4 (2021), e2.

35 Diala, J.C., "The distortion of the meaning of bride wealth: Significance for the

간 상호 존중과 사회적 동맹을 상징하지만, 지불하지 않으면 결혼으로 인정되지 않으며 특히 나이지리아에서는 관습법상 유효한 결혼의 필수 요건으로 확립돼 있다.

하지만 오늘날 아프리카에서 신붓값은 기존의 전통적인 의도가 아닌 여성을 상품으로 취급하며 부인을 살 수 있다는 의미로 상업화되고 있다.36 여성을 상품으로 사고팔 수 있게 되면서 가정 내 폭력을 정당화하는 데 주요 요소가 되었고 결혼의 안전성을 위협할 수 있게 되었다.37 남편은 신붓값으로 부인을 샀으며 자신이 부인을 소유한다는 것이 흔한 일이 되었다. 자신의 국가에서 신붓값이 현재까지 행해지고 있다고 필자에게 전한 아프리카 출신 난민 여성들의 국적은 나이지리아, 라이베리아, 우간다, 가나, 남아프리카공화국 등으로 다양했다. 일부 아프리카 출신 여성들은 온라인을 통해서 한국에 거주하는 아프리카 남성을 만나 한국으로 이주를 결심하고, 한국을 오기 전에 본국에서 신붓값을 받고, 신랑이 준비한 비행기 티켓으로 한국에 입국하였다. 신붓값을 받은 몇몇 아프리카 여성들은 필자에게 계약 결혼으로 입국하여 한국에서 남편에게 복종하며 살아갈 수밖에 없다고 이야기한다.38

---

evolution of living customary law in southeast Nigeria," *LL.M dissertation, University of Cape Town* (2014), 19.

36 Sambe, N., Avanger, M.Y. & Agba, S.A., "The effects of high bride price on marital stability," *IOSR Journal of Humanities and Social Science* 17:5 (2013), 5.

37 Alupo, J., "Bride price and gender violence," *Makerere University International Conference on Bride Price and Development, February, 16th–18th, Kampala, Uganda* (2004), 6.

2021년 8월 어느 날, 나이지리아 출신 타냐는 두려움에 가득 차 울며 필자의 사무실을 찾아왔다. 그녀는 한국에 먼저 정착한 나이지리아 출신 남편과 장거리 연애 끝에 전통 혼례를 올리고 신붓값을 받은 후, 2013년에 입국하였다. 그러나 남편이 알코올 중독으로 실직하고 가정을 돌보지 않으면서 타냐가 생계를 책임져야 했다. 상황이 악화되자 남편은 오히려 본국 친인척들에게 모든 책임이 아내에게 있다고 전했고, 타냐는 만약 남편에게 무슨 일이 생길 경우 본국에 돌아갔을 때 남편의 친인척과 마을 사람들에게 집단적으로 폭행을 당해 결국 목숨을 잃을지도 모른다고 호소하였다. 그녀는 남편에 대한 책임이 자신에게 없음을 증명할 수 있는 서류 작성을 요청했고, 변호사 자문을 받았으나 부족 사회의 문화적 맥락을 입증하거나 실제 협박·생명 위협의 근거를 제시할 수 있다면, 새롭게 난민 혹은 인도적 체류 신청을 고려할 수 있다는 조언만 들을 수 있었다.[39]

필자는 처음에는 티냐의 두려움을 이해하기 어려웠으나, 그녀의 눈빛과 눈물은 연기가 아닌 진심으로 두려워하고 있었음을 잊을 수 없었다. 이들에게 있어 결혼과 신붓값은 본국을 떠날 수 있는 수단으로 기능하는 동시에, 국경을 넘어서도 가족 간의 결속이 아닌 여성을 억압하는 족쇄로도 작용하고 있었다.

이와 함께 이들이 왜 동두천을 선택하고 동두천으로 이주하게 만드는 요인과 환경이 무엇인지, 그리고 이러한 젠더화된 이주 배경이 동두천에서

---

38 필자가 활동하며 참여관찰을 통해 알게 된 내용을 정리했음.
39 필자가 활동하며 참여관찰을 통해 알게 된 내용을 정리했음.

의 삶의 전략에 어떻게 영향을 미치는지 살펴보고자 한다.

IV. 왜 동두천인가?

필자가 만난 대부분의 난민들은 인천공항에서 나와 가장 먼저 이동한 곳이 이태원이었다고 이야기한다. 이들에게 이태원은 아프리카인들을 만나기 위한 거점 장소와 같은 곳이었다. 아프리카 출신 난민들은 한국에 대한 충분한 정보와 사회적 연결망이 없는 상태에서 한국으로 이주 하게 되고, 국내 첫 도착지로 이태원을 오게 된다. 이태원 지역 또한 해방이후 미군이 주둔하고 여러 국가의 대사관과 대사관저가 들어서고 외국인 아파트들이 건설되면서 많은 외국인들이 거주하게 되었다. 이러한 배경으로 한국에서 다양한 문화가 들어오는 문화의 유입지가 되었고 다양한 외국 문화를 경험할 수 있는 지역으로 변모해 나갔다. 미군을 포함한 장기체류 외국인들이 늘어나고 이주노동자들이 대거 정착하며 다양한 이주민들이 증가한다.[40]

미군과 그 군속, 영미 출신과 기타 백인, 아시아 출신의 이주노동자와 이주 여성, 아프리카인에 이르기까지 다양한 대륙 출신의 외국인들이 시대적 지층을 형성하면서 이태원에 모여들어 다양한 문화 영토를

---

40 박종수, "이태원지역의 종교공간적 특성과 다문화공간으로의 이해,"「서울학연구」51 (2013. 05), 160.

형성[41]하는 과정이 동두천에 이주민, 난민들이 모여드는 모습과 흡사하다. 이태원과 동두천이 비슷한 역사적 흐름과 배경을 밟아왔지만, 아프리카 난민들이 이태원으로 먼저 유입된 것은 이태원의 경우 서울에 위치하고 서울올림픽 등과 같은 국제행사를 통해 외국인들에게 알려진 공간[42]이기 때문으로 유추해 볼 수 있다.

이태원에 먼저 유입된 아프리카 난민들은 같은 아프리카 출신 사람들로부터 우연히 알게 된 동두천으로 이주하게 된다. 모든 아프리카 난민들이 이태원을 통해 동두천으로 이주하는 것은 아니다. 이태원에서 동두천으로 이주하고 정착하는 과정에서 그들만의 사회적 연결망을 만들어 한국 사회에 정착하고 난민 지위를 획득하기 위한 과정을 시작한다. 아프리카 출신 난민들이 이태원에서 동두천으로 이주하고 이들을 동두천으로 모이게 하는 조건들이 있었다.

미군기지가 들어선 이후 동두천은 이주노동자, 이주 여성들을 비롯한 여러 초국적 행위자들이 유입되면서 단일한 지역적 특성이 크게 변화했다. 아프리카 난민들에게 동두천이라는 공간에는 같은 민족 사람들이 거주하는 공간이라는 점이 이들이 이주하게 된 큰 이유가 되었다. 동두천에는 이미 미국문화의 영향으로 영어가 통용되고 있고 외국어의 사용은 이주민들이 이곳으로 들어오는 것을 매우 용이하게 해주었다.[43] 아프리카 난민만이

---

[41] 한유석, "성소수자들이 공간 전유와 커뮤니티 만들기 - 이태원 소방서 골목 사례 연구," 「서울도시연구」 14/1 (2013. 03), 259.

[42] 고민경, 「초국가적 장소의 형성 이태원을 중심으로 바라본 서울의 세계화」, 서울대학교 대학원 사회교육과 지리전공 교육학석사학위논문 (2009), 55.

아닌 다양한 이주민들의 유입으로 그들과 함께 들어온 문화와 언어, 종교 등에 따라서 다양한 음식문화와 상점을 포함한 거리문화 등 초국적인 공간이 형성되었다.

2022년 기준 아프리카 출신 이주민, 난민들이 거주하고 있는 동두천시 보산동 공간 내에 아프리카인들이 운영하는 가게 11개(생활용품, 식품, 중고물품 등 포함), 교회 4개, 식당 4개, 미용실 4개, 공동체 모임 공간 2개, 아이돌봄 공간 2개, 수선집 1개 등이 위치하는 것으로 파악되었다. 아프리카인들의 소비 공간이 집중적으로 모여 있는 것을 확인할 수 있다. 난민들은 자신과 같은 문화와 언어를 가진 사람들을 만나고, 이러한 공간들은 자국 문화 활동의 기회를 제공하면서 동시에 다국적, 다문화적 공간으로 난민들의 초국적 활동 영역을 가능케 하는 자원들을 제공하기도 한다.44 외국인들의 활동이 누적되어 있는 곳에 다른 국가 출신의 외국인들도 쉽게 유입될 수 있는 조건이 생기고, 이주민들 스스로가 초국적 활동의 토대로 만들어가고 있다는 동두천의 지역적 특수성을 발견할 수 있다.

아프리카 출신 난민들이 동두천에 집중적으로 모이게 되는 배경에는 동두천 지역의 특수한 문화적 분위기와 함께 경제적 조건이 있다. 바로 저소득층이 거주할 수 있는 저렴한 임대료이다. 기지촌 성매매 여성들이 사용하던 쪽방촌과 미군들이 점유하던 주거지들은 2000년도 이후

---

43 고민경, 「초국가적 장소의 형성 이태원을 중심으로 바라본 서울의 세계화」, 65.
44 송도영, "국내 무슬림 이주자들의 생활영역과 초국적 성격—서울 이태원 출입 무슬림의 사례," 「한국이슬람학회논총」 24/2 (2014), 130.

주한미군들의 해외 파병, 부대 이전, 본국 귀환으로 빈 공간이 되었다. 건물주들은 자리를 메우기 위해 임대료를 대폭 낮추게 되고, 이는 경제적 형편이 넉넉하지 못한 이주민들에게 매우 좋은 기회로 작용했다. 저렴한 비용의 빈 주거 공간들을 이주민들이 채우기 시작했다. 동두천시 내에서도 아프리카 출신 난민들은 보산동이라는 곳에 집중적으로 거주하고 있다.[45] 현재는 구시가지가 된 보산동의 낙후된 이미지와 늘어나는 흑인들로 인해 신시가지에 거주하는 한국 출신 주민들은 보산동을 동두천의 할렘가라고 표현하기도 한다.[46] 한편으로 동두천시의 구시가지와 신시가지의 이분화가 이주민들과 난민들의 정착화로 인해 더욱 분명해지고 있다.[47]

저렴한 주거 공간뿐만 아니라 일자리를 구할 수 있는 지역이라는 점도 동두천으로 오게 한 이유 중 하나이다. 섬유제조업, 가죽제조업 등 산업단지가 위치한 양주, 포천, 의정부 등이 동두천에서 20~30분 거리 이내로 위치하고 있다. 또한 미군들을 대상으로 사업을 만들어낼 수 있는 공간이기도 하다. 보산동에서 식당, 가게 등을 운영하는 이주민, 난민에게 미군은 주요 고객 중 하나이다. 특히 미용실을 운영하는 아프리카 출신

---

[45] 2019년 12월말 기준 동두천시 등록외국인 현황이 3,477명이었고 그중 893명이 보산동에 거주하고 있었다. 그 중에서도 난민 관련 체류 자격을 가진 등록외국인이 386명이었다. (난민 인정자 3명, 인도적 체류자 5명, 난민 신청자 378명), 정보공개청구 결과 – 양주출입국외국인사무소 관리과 2020.05.18. 회신, 동두천시 민원봉사과 2020.05.20. 회신.
[46] 필자가 활동하며 참여관찰을 통해 알게 된 내용을 정리했음.
[47] 고민경, 「초국가적 장소의 형성 이태원을 중심으로 바라본 서울의 세계화」, 136.

난민 여성들에게 미군은 단골손님이다. 일자리와 함께 지하철 1호선이라는 교통편도 중요하게 작용한다.

아프리카 난민들에게 동두천은 더 이상 임시로 체류하는 공간이 아니다. 이들 일상생활이 지속되는 곳이고 같은 민족 출신의 사람들과 어울리는 공동체가 존재하는 의미 있는 공간이다. 동두천에서 다양한 공동체 활동을 통해 자신들의 친목 관계를 확대하고 유지하며 사회적 연결망을 만들어가는 것이다. 아프리카 난민들은 이미 거주하고 있는 한국 한 나라만의 특성이 아닌 본국을 포함한 초국적 영역에서 다양한 형태로 자리를 잡아가고 있다. 동두천 보산동은 그 자체로 다국적, 다민족적, 다문화적 공간으로서 난민들의 초국적 활동을 가능하게 한다. 이들은 공동체 활동과 넓혀가는 커뮤니티 범위 그리고 동두천에 형성되는 아프리카 난민들의 네트워크로 사회적 교류뿐만 아니라 민족 문화를 유지하며 동두천에 뿌리내리게 된다.

V. 사회적 안전망 부재 속 난민 여성들의 삶의 전략

동두천에 거주하는 아프리카 출신 난민들의 경우 대부분 난민 신청자, 출국 기한 유예자, 미등록 체류자 등으로 체류가 불안정하며 거주가 안전하지 않다. 불안한 지위와 빈곤층에 놓여있으나 이들을 지원하는 거버넌스나 제도도 부재하다. 난민과 관련한 비자 및 처우[48]를 보면 아래 표와 같다.

<표 1>과 같이 사회적 안전망이 부재한 상황에서 이들이 삶의 전략을

어떻게 만들어내는지 집중하여 분석하고자 한다. 특히 여성들은 난민, 인종, 젠더, 계급 등의 요소에 의해 정체성을 형성하며 삶의 전략 역시 남성과는 다르게 나타난다.

<표 1> 난민과 관련한 비자 및 처우

용어	(체류자격/체류현황)	취업	지역건강보험	직업소개 및 훈련	복지 및 복지 급여	가족 결합
난민 인정자	F-2-4	가능	가능	가능	가능	가능
인도적 체류자	G-1-6	제한적 가능	가능	불가능	불가능(긴급복지지원 가능)	불가능
난민 신청자/난민 재신청자	G-1-5	제한적 가능	불가능(취업 시 직장 가입 가능)	불가능	불가능	불가능
	출국기한 유예	불가능	불가능	불가능	불가능	불가능
난민 불인정	미등록 체류	불가능	불가능	불가능	불가능	불가능

인도적 체류자와 난민 신청자는 원칙적으로 취업 활동을 할 수 없는 체류 자격인 G-1비자(기타비자)를 부여받는다. 따라서 취업 활동을 하려면 별도의 '취업 활동 허가'가 필요하다. 인도적 체류자는 포괄적 체류 자격 외 활동 허가를 받아 비전문 직종에서 취업할 수 있다. 허가는 체류 기간

---

48 서울지방변호사회 프로보노지원센터, 「난민사건 법률지원 매뉴얼(개정판)」(서울지방변호사회, 2024).

상한 1년 범위 내에서 주어지며 사업장 지정 없이 자유롭게 취업할 수 있다.[49] 난민 신청자는 난민 인정을 신청한 후 6개월이 경과했거나, 6개월이 경과하지는 않았어도 장애 등으로 인하여 근로 능력이 없는 피부양자를 부양해야 하거나, 기타 사무소장 등이 특히 필요하다고 인정하는 사람은 체류 자격 외 활동 허가를 받아 일을 할 수 있다.[50] 그러나 고용주로부터 선고용이 되어야만 법무부로부터 취업 활동 허가를 받을 수 있기 때문에 취업하기가 현실적으로 매우 어렵다. 미등록 체류자와 거의 같은 상황에 놓여있는 출국 기한 유예자는 취업 활동이 불가하다. 체류 자격이 불안정할수록 점점 더 취약한 상황에 놓이게 되고, 경제 활동인으로 살아 가기에 이 사회는 혹독하다. 아프리카 난민 여성들은 체류 자격으로 인해 노동권을 박탈 받으면서도 생존을 위해 스스로 노동의 기회를 찾거나 만들어낸다.

"거울을 두고 의자를 두고, 그땐 이런 의자가 아니었어, 그냥 사무실 의자였어. 그렇게 시작했어." - 에스더

라이베리아 출신 난민 신청자인 에스더는 신붓값을 받지 않았으며, 2009년 아이들의 아버지와 함께 국내 입국했다. 에스더는 2009년 남편과 함께 국내 입국했다. 에스더는 본국에서 머리 땋기를 배웠고, 본국 라이베리아 미용사 자격증도 취득하였다. 지하철에서 우연히 만난 아프리카 출신

---

[49] 난민인권센터, 「난민을 위한 매뉴얼 A to Z」 (난민인권센터, 2019), 59.
[50] 난민인권센터, 「난민을 위한 매뉴얼 A to Z」, 56.

여성을 통해 보산동에서 머리 땋기 일을 시작할 수 있었다. 미용실을 갖고 있는 여성들의 연락을 받아 일을 해오다, 2012년 자신의 미용실을 열게 되었다. 거울 하나와 미용실 의자가 아닌 사무 의자 하나를 두고 시작했다. 미용실 대부분의 손님은 미군들과 한국인들이었다. 오전에만 4~5명이 미용실을 찾아올 정도로 손님들이 많았지만 평택으로 미군들이 이동하면서 손님들이 절반으로 줄었다.

2019년 즈음 동두천시청에서 에스더의 가게를 찾아와 미용실 등록을 해야만 하고 등록을 하지 않으면 벌금을 내야 한다는 경고를 했다. 에스더는 등록을 하기 위해 자신의 라이베리아 미용사 자격증을 들고 시청을 찾아갔다. 하지만 한국 미용사 자격증을 취득해야 한다는 답변을 받았다. 그리고 시청 담당자는 에스더에게 미용 교육을 받을 수 있는 대학교를 안내했다. 에스더는 해당 대학교를 찾아갔지만, 학교 측에서 자신이 보유한 머리 땋기라는 미용 기술을 모른다는 이유로 교육을 거절당했다. 사실 학교 측에서 가르칠 수 있었다 하더라도 애초에 에스더의 체류 자격으로는 입학 자체가 불가능했다. 에스더는 이후에 미용실 문을 열지 못했고, 생계를 위해 예약 손님이 잡히면 자신의 집에서 미용 작업을 해야 했다. 그러나 이 또한 오래가지 못했다. 코로나19가 터지면서 미용실은 거의 문을 닫는 상황에 이르렀고, 결국 에스더 또한 공장 아르바이트 일을 찾아야 했다.

머리 땋기 기술을 가진 아프리카 난민 여성들은 꽤 있지만 에스더처럼 미용실 운영하는 여성은 많지 않고 미용실 운영도 쉽지 않다. 미용실을 갖고 있는 아프리카 여성들은 머리 땋기 기술을 가진 아르바이트가 가능한

다른 아프리카 여성들의 연락망을 갖고 있다. 예약 손님이 어떤 머리를 하느냐에 따라 몇 명의 아르바이트가 필요한지 파악하고 필요한 여성들에게 연락한다. 손님 한 명을 받을 경우 보통 작업량을 네 등분으로 나누어 아르바이트 여성들에게 한 파트씩 배치한다. 아르바이트 여성들은 한 파트를 마무리할 경우 2만 원 정도를 받는다.[51] 코로나 시기에는 손님이 워낙 적었기 때문에 손님 예약이 들어오는 경우 에스더는 아르바이트 여성들을 부르지 않고 혼자서 이 일을 해야 했다.

에스더는 코로나19로 인해 최근 몇 년간 미용실을 운영하지 못하고 밀린 월세가 몇 달째 쌓인 채 공간을 유지해야만 했다. 그런데 2022년 4월 사업장을 운영해 온 것을 출입국관리사무소가 알게 되면서 출입국관리법 위반으로 벌금 500만 원을 내야 하는 상황이 발생하였다. 엎친 데 덮친 격으로 아이들의 아버지는 불안정한 체류를 견디지 못하고 에스더와 아이 네 명을 두고 홀로 본국으로 귀국했다. 이에 대해 아프리카 난민 공동체에서는 신붓값을 지불하지 않았기 때문에 책임감 없이 떠난 것이라고 판단한다. 에스더는 본국에서 취득한 미용사 자격증과 미용 기술을 인정받지 못한 채 결국 불법 사업장을 운영한 난민이 되었고, 생계를 위해 공장에서 아르바이트 노동을 해야 했다.

아프리카 출신 여성들에게 문화·경제적 자산인 '머리 땋기'가 한국 사회에서 기술로 인정받지 못한다는 것은 인종화된 위계 속에서 그들이

---

51 필자가 활동하며 참여관찰을 통해 알게 된 내용을 정리했음.

가진 노동의 가치가 축소되는 것이다. 또한 아이들의 아버지가 떠난 뒤, 에스더는 가정 내 재생산 노동에 더해 생계 부양까지 홀로 떠안았다. 이는 단순한 개인의 노동 기회 박탈을 넘어, 자격의 인종화와 돌봄의 젠더화가 교차하면서 제도적 인정과 사회적 권리 보장으로부터 배제되는 구조를 보여준다.

 "내 꿈을 이루고 싶어. 보산동에 베이커리가 없어. 내가 가르칠 수 있다면 내가 진짜 하고 싶은 거야. 베이킹, 쿠킹, 본국에서도 했던 거야." - 그레이스

라이베리아 출신 인도적 체류자인 그레이스는 2012년 딸과 함께 국내 입국했다. 입국하자마자 유엔난민기구를 찾아갔고, 유엔난민기구를 통해 난민을 지원하는 기관을 소개받아 기관의 도움으로 난민 인정 신청을 할 수 있었다. 난민 신청자는 난민 인정을 신청한 후 6개월이 경과해야 취업 활동을 할 수 있었고, 그레이스는 난민 인정을 신청한 지 얼마 안 되어 일을 할 수 없었다. 하지만 그레이스는 딸을 위해 일을 해야 했다. 모녀를 도와주던 교회에서 비밀리에 과자 제조 공장 일자리를 소개해주었다. 일 한 지 2개월 만에 그레이스는 일을 지속할 수 없다는 판단에 6개월을 기다리기로 하고 그만두었다. 하지만 6개월이 지난 후에도 일자리를 찾는 것은 너무 어려웠다. 일자리를 구했어도 언어 문제로 노동이 쉽지 않았고, 매주 주간과 야간 교대 업무를 하는 것이 힘들었다. 노동자를 신경 쓰지 않는 사업주의 태도에 3주를 일하고 그만두었다. 지인들의 연결로 다시 공장 일을 찾을 수 있었지만, 2년 반 정도 일을 하고 허리통증이

심해져 그만둬야 했다. 이후 그레이스는 건강상의 문제로 공장으로 다시 돌아갈 수 없었다.52

난민 인정 신청을 도와준 난민 지원 기관에서 그레이스는 바리스타 교육을 받을 수 있었고, 교육을 수료한 후에 바리스타로 1년간 일을 했다. 그러던 중 둘째를 임신하고 또다시 직장을 그만두었다. 그즈음 난민 인정 신청 결과는 '난민 불인정'이었다. 그런데 그레이스의 딸이 인도적 체류 허가를 받고 딸을 통해서 인도적 체류자의 가족으로 그레이스도 체류 자격을 얻을 수 있게 되었다. 그리고 동두천시 보산동에서 아프리카 식당을 열었다. 그러나 그레이스의 체류 자격으로는 식당 등록을 할 수 없어서 식당을 열고 1년 후에 첫째 딸이 성인이 되면서 딸의 이름으로 식당 등록을 하였다. 그레이스가 식당을 열게 된 배경에는 국내에서 만난 남편과 결혼하고 신붓값을 받았지만 일을 하지 않는 남편도 한몫했다. 남편은 일을 하더라도 돈 한 푼을 가정에 보태지 않았다.

그레이스가 운영하는 식당은 아프리카 사람들의 모임 장소가 되었다. 대부분의 손님들이 아프리카 사람들로 식당은 이들에게 고향과도 같은 공간을 제공했다. 미군들도 자주 찾아왔고 종종 한국인들도 찾아왔다. 식당을 방문했던 아프리카 사람들의 한국인 친구들도 와서 식당 음식을 즐겼다. 주로 사람들은 퇴근 후 시간대 그리고 금요일부터 일요일까지 주말에 많이 왔었다. 그러나 코로나19와 겹치면서 그레이스는 식당 문을

---

52 난민 여성 그레이스의 구술을 통해서 정리했음.

닫아야 했다. 그레이스는 음료 장사는 너무 힘들었다며 본국에서 해왔던 베이커리를 운영하고 싶다고 한다. 베이킹 기술을 갖고 있는 그레이스는 자신의 베이커리를 운영하며 다른 난민 여성들에게 베이킹 수업을 하는 것이 목표이다.

그레이스는 입국 할 때 사용한 이미 만료된 여권만을 갖고 있다. 국내에 라이베리아 대사관이 없어 여권을 새로 발급받지 못하고 있다. 다행히도 2021년 7월 1일부터 시행되는 법무부의 '여권 유효 기간 내에서만 체류 기간 연장 지침'에서 난민 인정자, 인도적 체류자, 난민 신청자는 적용되지 않게 되어, 난민들은 유효한 여권이 없어도 외국인등록증을 발급받고 체류 기간을 연장할 수 있다.53 하지만 여권이 없어 제3국에 있는 친인척들에게 경제적인 도움을 받고 싶어도 은행에서 돈을 뽑을 수가 없다. 그뿐 아니라 한국에서 나갈 수도 없다. 본국 또는 제3국에 있는 라이베리아 대사관을 통해서 여행 증명서를 받지 않는 이상 한국이라는 섬에 갇힌 셈인 것이다.

그레이스는 에스더와 다르게 신붓값을 받았음에도 남편이 경제적 책임을 회피하고, 가정의 생존 책임이 여성에게 일방적으로 전가되며 생계 부양자가 되었다. 그레이스의 상황에서도 젠더화된 재생산 노동과 난민 지위, 만료된 여권, 대사관 부재가 맞물린 인종화된 통제가 중첩되며

---

53 법무부 출입국·외국인정책본부, "국내 체류외국인, 여권 유효 기간 내에서만 체류 기간이 연장됩니다," 법무부 보도자료, 2021. 06. 29., https://www.immigration.go.kr/immigration/1502/subview.do (검색일 2022년 6월 30일).

교차적 억압 구조가 드러난다.

"막내가 크면 공장에서 일하고 싶어." - 올루치

나이지리아 출신 '난민 불인정'을 받은 올루치는 2008년 국내에 입국하였으며 신붓값을 받았다. 올루치는 매주 수요일부터 금요일, 아침에 2살된 막내를 어린이집에 보내고 지하철을 두 번 갈아타는 1시간 30분 정도의 거리에 있는 곳으로 출근한다. 일찍 끝나는 날에는 오후 3시 정도, 늦게 끝나는 날에는 저녁 9시 정도에 집으로 돌아온다. 올루치가 하는 업무는 중고 의류 창고에서 옷을 분류하는 작업이다. 옷 종류에 따라 무게별로 금액이 다른데 기본 100kg에 20,000~30,000원 정도를 받는다. 하루에 하는 작업 분량은 500~800kg 정도이다. 작업량이 많아 하루에 수입이 클 때는 20만 원까지도 번 적이 있다. 하지만 하루에 60,000~80,000원도 벌지 못하는 날이 대부분이다. 취업이 불가한 체류 상태에서 남편의 체류 기간이 만료되어 남편이 본국으로 귀국한 이후 홀로 자녀 다섯의 생계를 책임지고 있다. 이에 대해 아프리카 난민 공동체에서는 에스더와 다르게 신붓값을 전한 올루치의 남편이 본국에 돌아간 행위에 대해서는 페이퍼(체류자격)의 문제로 어쩔 수 없었던 사실로 받아들인다. 중고 의류 분류 작업으로는 생계비가 매우 부족한 상황이지만, 이제 2살인 막내와 초등학생 3명, 중학생 1명의 등교 시간을 챙기려면 출퇴근이 그나마 자유로운 중고 의류 분류 작업이 현재 올루치 상황에서는 최적의 업무이다. 막내가 더 자라면 보다 수입이 나은 공장으로 이직하길 바라고 있다.[54]

올루치는 난민 불인정과 인종화된 자격 체계로 머리 땋기 기술을 가지고 있지만 이를 직업으로 삼지 못했다. 젠더화된 돌봄 전가로 출퇴근이 유연하지만 저임금, 불안정한 노동을 선택할 수밖에 없었다.

"가게를 가진 사람들도 있지만 집에서 판매해. 가게를 열기에는 큰 돈이 들어가." - 치나자

나이지리아 출신 치나자는 신붓값을 받고 2013년 국내에 입국하였다. 치나자는 난민 불인정을 받고 현재 미등록 체류 상태가 되었다. 치나자와 마찬가지로 남편도 미등록 체류 상태로 부부 모두 합법적으로 노동을 할 수 없는 상황이다. 이에 치나자의 남편은 아르바이트로 일이 있는 날에만 노동을 한다. 치나자도 일을 하고 싶지만 공장을 갈 수 없고, 남편의 수입만으로는 생계를 유지하기가 힘들다. 그래서 치나자는 구멍가게라고 불리기에는 규모가 매우 작지만 아프리카 사람들을 상대로 집에서 아프리카 식료품을 판매하고 있다. 판매 식료품은 냉장고 하나의 규모이다. 나이지리아에서 한국으로 들어오는 사람들을 통해 아프리카의 말린 음식들을 받아 아프리카 사람들에게 판매한다. 냉동실에는 한국 마트에서 산 아프리카 사람들이 먹는 생선들도 있다. 생선 3개가 들어있는 한 박스를 마트에서 1만 원에 구매하여 생선 한 피스에 1만 원씩 팔아 2만 원의

---

54 난민 여성 올루치의 구술을 통해서 정리했음.

수익을 낸다. 아프리카 커뮤니티에서 세례식, 장례식 등의 행사가 있을 때 치나자에게 요리 주문을 하기도 한다. 가게를 갖고 있는 것은 아니지만 알음알음 커뮤니티 사람들이 치나자의 집을 찾아온다.[55]

치나자 역시 남편의 아르바이트로는 생계유지가 어려운 상황에서 집 안에서 소규모로 식료품 판매와 음식 주문을 받으며 돌봄과 경제 활동을 동시에 수행하는 역할을 하고 있다. 올루치와 치나자 모두 불안정한 체류 상태로 인해 공식적인 노동시장 진입이 불가능하여 비공식적인 경제 활동에 의존하여 생계를 이어가고 있다. 이는 제도적으로 배제된 난민 여성들이 인종적 경계 속에서 제한된 경제 활동을 할 수밖에 없는 굴레를 보여준다.

앞서 언급된 여성들이 선택한 미용, 요리, 중고 의류 분류 작업 외에도 자신의 집에서 아프리카 전통 옷을 제작하며 수선집을 운영하는 여성, 아프리카 사람들이 운영하는 식당에서 서빙 및 요리 보조로 일하는 여성 등 다양하게 나름의 생존 전략을 펼쳐 나가고 있다. 여성들의 생존 전략에는 인종적 타자화와 젠더화된 구조적 문제가 교차하며 난민 여성의 삶을 위협하는 구조적 현실을 볼 수 있다. 그러나 동시에 에스더가 만들어낸 다른 아프리카 출신 여성들과의 미용 아르바이트 네트워크, 그레이스가 운영하는 공동체 거점 역할을 하는 식당 등 제도권에서 배제된 여성들이 창조하는 대안적 경제 구조와 네트워크의 모색도 함께 발견할 수 있다.

---

55 난민 여성 치나자의 구술을 통해서 정리했음.

한편, 아이들의 보육과 교육에 있어서 경제적인 어려움을 호소하는 난민 여성들이 있다. 하지만 현재 한국의 시스템에서는 난민 인정자를 제외하고 출국 기한 유예자와 미등록 체류자는 물론, 난민 신청자 그리고 인도적 체류자의 경우 아동 양육비, 교육비, 교육 급여 등 아이들의 양육과 교육에 관한 지원을 받을 수가 없다. 노동 기회 박탈만이 아닌 돌봄 기회에서도 배제되었다. 따라서 아동을 어린이집 또는 유치원에 보내지 못하는 상황이 발생하고, 생활비가 부족해진 경우 이미 다니고 있는 어린이집의 보육비가 밀리기도 한다. 그러나 아이를 맡길 곳을 찾지 못하면 이들에게는 아이를 봐줄 가족 및 친인척도 없고 일을 나가지 못하는 상황에 부닥친다. 일을 나가지 못하면 생활비를 벌지 못하고 다시 아이를 어린이집에 보내지 못하는 순환이 되풀이된다.

"나에게 교사 자격증도 있어. 하지만 한국은 페이퍼(체류 자격)를 주지 않아. 이게 내가 할 수 있는 최선이야. 그들(한국)은 기회를 주지 않아. 내가 기회를 만들었어." - 아다에제

나이지리아 출신 아다에제는 2018년 남편이 미등록 체류 상태에서 출입국 단속에 잡혀 강제 추방되고 자녀 한 명을 둔 싱글맘이 되었다. 갑작스럽게 남편을 떠나보내고 어디서 어떻게 시작해야 할지 막막하고 혼란스러웠다. 남편이 있었을 때 한두 명의 아이들을 돌봐준 경험을 떠올렸고, 자신도 일을 하려면 자신의 아이를 어딘 가에 맡길 곳이 필요하다고 생각했다. 그리고 본격적으로 아이들을 자신의 집에서 돌보는 일을 시작한

다. 본국에서 초등학교 교사 출신이었던 아다에제는 아이들을 돌보는 것을 좋아했고, 초등학교 아이들에게는 직접 영어, 수학 과목도 가르친다.

아다에제에게 아이들을 맡기는 사람들은 대부분 아다에제와 같은 싱글맘들이다. 아동 보육에 대한 도움이 전혀 없는 이들에게 아다에제네는 아이를 맡길 수 있는 마지막 선택지이다. 아다에제가 아이들을 돌보는 시간은 일반적으로 생각할 수 있는 오전 9시에서 오후 6시가 아니다. 아다에제는 아이들을 아침 6시 30분부터 받는다. 아이의 보호자들이 일하는 사업장까지 대중교통으로 1~2시간이 걸리는 경우 아침 일찍 나가야 하는데, 어린이집 통학 차량의 픽업 시간은 그보다 더 늦다. 그런 경우 보호자가 출근을 하기 위해 집에서 나가는 시각부터 통학 차량이 픽업이 오는 시각까지의 돌봄이 필요한 것이다. 그래서 싱글맘들은 아침 6시 30분에 아다에제에게 아이를 맡기고 아이의 어린이집 통학 차량이 아다에제네로 픽업하러 온다. 그리고 어린이집 시간이 끝나면 통학 차량은 다시 아이를 아다에제네로 데려다주고 저녁에 보호자들이 퇴근하면서 저녁 9시에서 11시 사이에 아이를 데려간다. 싱글맘들은 일을 하러 갈 때만 아이를 맡기는 것이 아니라 일을 찾으러 갈 때도 맡긴다.[56]

보호자들이 아이를 데려가는 시간은 정해져 있지 않다. 보호자에게 연장 근무가 생기거나 산재 또는 사고를 당하게 되면 보호자가 아이를 데려가지 못하는 상황도 발생한다. 한 번은 아다에제에게 아이를 맡긴

---

[56] 난민 여성 아다에제의 구술을 통해서 정리했음.

어머니가 출입국 단속에 잡혀 돌아오지 못한 적도 있었다. 다행히도 홀로 남겨진 아이로 인해 어머니는 하루 만에 구금에서 풀려날 수 있었다. 아다에제가 매일 하는 한 가지 기도지향이 있다. 몇 시가 되건 간에 늦게 오더라도 보호자들이 꼭 아이들을 데려가는 것이다.

"항상 기도해. 나에게 아이를 맡긴 모든 부모들이 안전하게 건강하게 돌아와서 아이를 데려가기를…. 주님은 내가 어떤 마음으로 아이들을 돌보고 있는지 아실 거야."

아다에제에게 아이를 맡기는 싱글맘들은 아다에제에게 매우 고마워하고 있다. 아다에제의 돌봄으로 자신들이 일을 하러 갈 수 있기 때문이다. 아다에제는 남편이 없는 싱글맘들의 마음을 이해하며, 빈자리를 자신이 채워주고 있다고 말한다. 아다에제는 미취학아동을 돌봐주는 곳을 찾기가 어렵기 때문에 주로 미취학아동을 돌보며, 1시간에 2천원을 받는다. 스스로도 작은 돈임을 알지만 싱글맘들을 돕기 위해 하는 것이고, 무엇보다 중요한 건 아이들의 안전이 가장 우선이라고 말한다. 상황이 힘든 싱글맘들에게는 절반만 받기도 한다.

아다에제는 난민 불인정을 받고 현재는 미등록 체류 상태이다. 신붓값을 받고 2016년 국내 입국한 아다에제는 자신의 교사 경력을 살려 교육기관에서 일을 할 수 있을 거라 기대했지만, 등록하지 않은 상태에서 아이돌봄을 하고 있는 것이다. 가끔씩 집에서 아이들이 소리를 지르거나 울고 심하게 돌아다니면, 혹시라도 이웃집이 소음으로 신고하지 않을까 걱정이 된다. 신고가 들어간 적은 한 번도 없었다. 아다에제가 아이 돌봄을 해온 것이 어느덧 8년이 되어 간다. 아다에제는 보산동에 이러한 돌봄 커뮤니티를 갖고 있다는 것에 대해 자부심으로 느끼고 있었다.

아다에제는 남편의 강제 추방 이후 홀로 자녀를 키우며 생계를 이어가는 동시에 다른 싱글맘들의 아이들까지 돌보며, 생계 노동자이자 돌봄 제공자 역할을 해내고 있다. 아프리카 난민 공동체 내에서 돌봄의 핵심 역할을 수행함에도, 그녀의 전문 경력은 제도권에서 비가시화된다. 난민과 미등록 체류라는 인종화된 지위는 그녀를 비공식 돌봄 노동자로 위치시켰다. 그럼에도 아다에제의 돌봄은 단순한 돌봄 서비스 제공을 넘어서서 아프리카 출신 난민 여성들의 생존도 가능하게 하는 공동체적 돌봄의 성격을 보여준다. 공공 돌봄의 공백을 메우며, 난민 여성들이 서로 의지하고 의존하며 살아가는 네트워크를 구축한 것이다.

VI. 이주를 통한 정체성의 재구성

아프리카 출신 난민 여성들은 생계와 자립 그리고 흑인 여성이라는 인종과 젠더에 난민이 더해져 다층적인 구조적 제약에 직면해 있었다. 여러 가지 억압과 박해에 노출되어 있는 난민 여성들은 안전한 삶의 보장을 위해 한국으로 오지만, 노동부터 자녀 돌봄까지 어떠한 사회적 안전망이 없는 한국에서의 삶도 녹록지 않았다. 하지만 동시에 난민 여성들은 한국이라는 새로운 공간으로의 이동을 통해 본국에서 경험하지 못한 한국 사회에서 느끼는 상대적인 자유로 인해 행위의 주체자로 나아가기도 하였다.

아프리카 난민 여성들이 '신붓값'에 따라 혹은 가족의 강요에 의해 한국으로 이주하게 된 것은 아니다. 대부분 난민이 될 수 있음을 인지하지 못했고 신붓값에 대한 신비로 한국에 올 결심을 한 것도 아니다.57 많은 난민 여성이 본국의 종교나 관습으로 인해 여성의 인권이 고려되지 않는 배경에서 성폭력, 여성 성기 절제(FGM/C), 성매매 등 여성이기 때문에 노출될 수 있는 정치적인 박해로 인해 본국을 떠난다.58 이들의 이주 배경에는 신붓값이 아니라 난민의 특수성이 더 크게 작용했다고 볼 수 있다. 난민 여성은 남성과는 다른 유형의 박해를 본국에서 경험하며 젠더 차이를 살펴보아야 한다.

나이지리아 출신 난민 불인정자 '치아마카'는 필자에게 한국 사람들이 모르는 한 가지 사실이 있다고 한다. 바로 '어머니'(mother)와 '결혼한 어머니(Married mother)'의 차이이다. 신붓값이 결혼을 하기 위한 의무 사항인 아프리카 난민 커뮤니티에서 여성들이 싱글맘이 되는 이유 그리고 남성이 여성을 떠나는 이유를 신붓값을 기준으로 판단하고 있었다. 아프리카 난민 공동체 내에서 신붓값을 받지 못한 여성 당사자들을 포함하여 신붓값으로 미혼 어머니와 기혼 어머니를 분류하고 배우자 관계가 아닌

---

57 난민 여성들의 '신붓값' 관련 구술을 통해서 정리했음.
58 송효진·김소영·이인선·한지영, 『한국 체류 난민 여성의 인권 실태에 관한 연구』 (한국여성정책연구원, 2015), 3.

연인 관계로 파악하고 있었다. 아이들이 있는 경우 남편이라 하지 않고 아이들의 아버지라고 표현하였다.

"아이를 가진 여성들을 전부 '어머니'라고 부르지. 하지만 신붓값을 받지 못한 여성들은 그냥 어머니이고, 신붓값을 받은 여성들은 '결혼한 어머니'야. 신붓값을 받지 못한 여성들 스스로도 동거 중인 또는 떠난 남성을 '남편'이라고 부르지 않아. 대신 '아이들의 아버지'라고 표현해." - 치아마카

치아마카는 국내에 아들 한 명을 두고 있고 본국에도 고등학교 졸업을 앞둔 딸이 한 명 더 있다. 치아마카는 본국에서 싱글맘으로 딸을 홀로 키우며 주변에서 아기 분유와 기저귀 살 돈을 주겠다며 잠자리를 요구당하는 등 매우 힘든 시간을 보냈다. 본국에 유일하게 남은 가족으로 이모와 언니가 있는데, 딸은 현재 이모와 함께 지내고 있다. 치아마카는 신붓값의 전통적인 의미와 가치를 크게 받아들이고 있지만, 신붓값이 좋은 삶을 가져다주거나 부자로 만들어줄 것이라는 기대는 본국에서부터 갖고 있지 않았다. 신붓값의 의미는 그저 누군가가 당신을 좋아하고 그 사람에게 속하게 된다는 것을 뜻했다. 치아마카는 본국에서의 빈곤한 삶과 현지에서 일어나는 일상의 젠더 박해를 피해 오게 된 것이다. 치아마카는 신붓값보다 아프리카를 떠나 해외인 한국에 오게 되면 나아진 삶을 살 수 있을 거라 기대했다. 그러나 그 기대는 이루지 못했다.

치아마카는 자신의 큰 딸을 하느님의 선물이라고 표현한다. 그 이유는 자신이 큰 딸의 아버지로부터 신붓값을 받지 않음으로써 딸이 자신에게

남을 수 있었다는 것이다. 만약 치아마카가 신붓값을 받았다면 딸의 아버지 가족이 자신의 큰 딸을 데려갔을 것이라 이야기한다. 그렇기 때문에 딸은 하느님께 받은 선물이라고 생각한다. 그러나 한국에서 낳은 아들의 경우는 다르다. 치아마카는 신붓값을 받았지만 혹여 라도 남편이 아들을 데려가려 한다면 한국에서는 자신이 아들을 지킬 것이라고 한다.

> "아프리카 남자는 (한국어로) '머리 아파', 싱글맘이 된다는 것은 매우 멋진 일이야. 너만의 평화를 찾을 수 있다는 거야. 마음의 평화를 가질 수 있다면 그걸로 된 거야." - 루스

라이베리아 출신 난민 신청자 '루스'는 싱글맘으로 아들 한 명을 키우고 있고, 아들의 아버지는 본국으로 돌아갔다. 루스는 아들의 아버지에게 신붓값을 받을 생각이 없다고 한다. 루스는 라이베리아에서 일부다처제가 법적으로 허용되기 시작하면서 신붓값의 의미가 가벼워지고 있다고 이야기한다. 루스는 자신이 싱글맘이 된 상태를 마음의 평화를 찾을 수 있는 것이라고 이야기한다.

신붓값을 받은 난민 여성들 또한 커뮤니티 남성들에게 온전한 통제와 보호를 받는 상태도 아니었고, 신붓값을 받았다 하더라도 똑같이 순종적으로 행동하지 않았다. 심지어 돌봄노동에 더해 경제 활동까지 떠맡으며 생계 부양자가 되기도 하였다. 오히려 신붓값을 받지 않은 여성들이 보호에서 벗어난 힘든 상황이지만 통제를 덜 받으며 싱글맘의 삶을 선택하는 등 더욱 주체적으로 자유로운 삶을 지내는 모습을 보이기도 했다.

아프리카 출신 난민 여성들은 전통 혼례의 특성인 신붓값을 발판으로 이주하고, 가족구성원을 재생산하면서 살아가고 있었다. 결국 신붓값으로 한국으로의 이주를 결심하기보다 본국에서 일어나는 일상의 젠더 폭력을 피해 구체적인 정보 없이 한국으로 오게 된 난민의 특수성이 더 크게 작용함을 알 수 있다. 이들에게는 난민이라는 지위가 주는 불안정성과 본국으로부터 오는 가부장제 구속이 더해지지만, 이들은 신붓값을 받고 안 받고의 차이를 떠나 열악한 환경에서 살아가며 자기만의 방식으로 삶을 개척해 나가고 있었다. 또한, 난민 여성들은 국내 노동과 돌봄의 기회에서 박탈당하고 배제되면서 합법과 불법의 경계를 넘나든다. 난민 여성들은 반복되는 경제적 빈곤함 속에서 미용, 요리, 돌봄 등 젠더 분업에 의해 여성에게 집중된 노동을 하면서도 자신들의 전략을 만들어냈다. 또한 이들만의 난민 여성 네트워크를 구축하여 돌봄과 노동을 병행하며 양육과 생계를 유지할 뿐만 아니라, 상호 돌봄과 연대를 통한 삶을 이어가고 있었다.

이를 통해 아프리카의 전통 혼례 '신붓값'과 난민 여성들이 일상에서 겪어온 '젠더 박해' 속에서 난민 여성들이 만들어가는 '젠더화된 삶의 전략'을 발견할 수 있었다. 또한 난민 여성들은 본국에서 경험하지 못한 자유를 한국이라는 새로운 장소에서 상대적으로 느끼며 본국의 관습에 저항하고 자신들의 정체성을 재구성하기도 하였다. 흑인 그리고 난민이라는 인종화된 지위와 여성이라는 젠더적 위치가 교차하는 억압과 차별의 구조 속에서 난민 여성들은 주체적 행위자로서 역할을 하고 목소리 내고 있었다. 난민 여성은 젠더 박해를 피해 정착한 낯선 곳에서 난민, 인종,

젠더, 계급적으로 배제되며 타자화되지만 초국적인 장소 만들기를 적극적으로 실천하는 주체인 것이다. 난민 여성들에게 이주는 일부 해방의 의미를 담기도 했다. 난민들이 주어진 사회적 조건 속에서 삶의 전략을 발휘하며 자신들의 행위자성을 드러낸다 하더라도 인종, 젠더 그리고 계급의 현실과 난민 특수성은 여전히 이들이 초국적인 네트워크를 확장하는 데 많은 한계로 작동하였다.

이 글은 난민, 인종, 젠더가 결합된 다층적 맥락 속에서 동두천에 거주하는 아프리카 출신 난민 여성들이 어떻게 삶의 전략을 형성하고 수행하는지 분석하기 위해 난민 여성들의 삶을 노동과 돌봄이라는 두 가지 영역을 사례 연구로 집중적으로 살펴보았다. 향후에는 노동과 돌봄뿐 아니라 결혼, 임신, 출산, 노년 등 생애주기 전반과 생산-재생산 영역을 성·재생산권과 연결해 통합적으로 다룰 필요가 있다. 나아가 한국 사회는 난민 여성의 특수한 상황을 고려한 노동, 돌봄, 교육 등 실질적인 지원체계를 마련하고, 이들의 역량과 네트워크를 존중하는 정책 설계를 통해 지역사회와 난민이 공존할 수 있는 기반을 구축해야 한다. 한편, 난민 여성들이 일상의 젠더 폭력을 피해 한국으로 이주하지만, 여전히 젠더 기반의 박해 사유로 난민 인정을 받기 어려운 것이 현실이다. 난민 사유와 난민 인정 과정에 젠더 차별적 양상이 고려되고 난민 인정 심사 과정과 절차에서 젠더적 관점의 절차상의 개선을 요구하는 운동이 함께 이루어져야 할 것이다.

'동두천가톨릭센터'로 건물 명칭을 변경해 개소한 지 5년이 지난 지금, 한때 논란의 현장이었던 공간에서 필자는 이주민·난민 상담, 공동체 협력,

인권 옹호 등 의정부 엑소더스(EXODUS) 이주민센터 활동을 꾸준히 이어가고 있다. 센터 설립을 반대했던 주민들의 우려가 실제로 현실화되었는지에 대해서는, 현장에서 지켜본 결과 지금까지 어떠한 큰 문제도 발생하지 않았음을 분명히 말할 수 있다. 오히려 지역 내에서 이주민, 난민을 지원하는 기관이 들어서면서 행정복지센터, 자원봉사센터, 가족센터 등 지자체 기관과 지역 주민들이 반가워했고, 협력하는 기관 또한 점차 늘어나고 있다. 건물이 마련된 이후 새롭게 시작한 활동 가운데 하나는 재봉수업이다. 이는 이주민, 난민 여성들의 기술 역량을 강화하고 노동 기회를 확대하기 위한 프로그램으로, 먼저 기술을 익힌 여성들이 새로운 참여자들에게 기술을 전수하는 선순환적 구조를 지향하고 있다.

글에서 언급된 여성들과 함께, 특히 본국에 돌아가면 생명까지 위협받을 수 있다고 눈물로 호소했던 타냐를 중심으로 2023년 '동두천이주민난민여성네트워크'가 결성되었다. 다만 제한적인 체류 자격 제도와 행정적 장벽으로 인해 장기적인 활동 기반은 여전히 제약받는다. 따라서 이주민, 난민 여성 중심의 공동체와 네트워크가 지속적으로 활동할 수 있도록 사회적, 인적 자원에 대한 협력과 함께 조직화 지원이 필요하다. 다양한 여성들의 삶의 곁에 서는 운동의 시작은 어렵지 않다. 만연하고 일상화된 억압과 차별이 교차적으로 작동하는 구조를 알아차리고, 연대의 가능성을 믿으며, 끊임없이 관심 갖고 존중의 마음을 나누면 된다.

난민 여성들은 이들만의 삶의 전략과 네트워크를 통해 정체성을 재구성하고 초국적 공간을 만들어가는 행위 주체로 자리하며, 자신들을 둘러싼 인종주의적 배제와 사회문화·경제적 조건으로 지속적으로 제한되는 환경 속에서 끊임없이 고민하고 선택하며 살아간다.

이 글이 이들의 끊임없는 고민과 선택을 보여주는 하나의 기록으로 읽히길 희망한다.

2장

현실주의적 타협에 만족하지 않은
그리스도인들을 위한 방법론
—"탈변증법적 이중 소명"

김혜령

I. 서론

2025년 2월 27일 윤석열 대통령의 탄핵 심판으로 인한 극한 대립 중에도 「출입국관리법 일부개정법률안」이 국회에서 여야의 압도적 찬성으로 의결되었다. 2023년 3월 23일 헌법재판소가 출입국관리법 제63조 제1항에 대한 위헌 제청 소송에서 헌법 불합치 결정을 내림에 따라 정해진 개정 입법 기한을 석 달 앞두고 국회를 통과한 것이다. 문제가 된 출입국관리법 제63조 제1항은 강제퇴거 대상 외국인이 출국에 필수적인 (자국) 여권이 없거나 교통편이 없어 대한민국을 떠날 수 없는 상황일 경우 법무부 장관의 결정에 따라 외국인보호소에 기한의 제한 없이 수용할 수 있게 했던 법안으로써 외국인 기본권 침해를 해소하기 위해 가장 시급하게 개정해야 할 법안으로 꼽혀 왔다.

하지만 개정된 법안에 대해 인권 단체들은 "기만적인 법 개정"이라며 보편적 인권의 중요성을 표방해 왔던 민주당을 비롯한 진보적 야당들의 위선을 강하게 비판했다. 이에 진보당 윤종오 원내대표는 "해당 개정안이 헌재의 결정 취지를 부정하고 있다는 비판 등을 미처 인지하지 못한 채 표결에 임했다"고 사과를 했고,[1] 사회민주당 한창민 대표도 "이주구금제도로 고통받고 싸우고 계신 분들을 대변하기 위해서는 찬성 표결이 옳지

---

* 이 글은 「신학과 실천」 94호(2025)에 실린 논문 "이상과 현실 사이 : 인종주의 사회에서 기독교 정치윤리의 탈변증법적 이중 소명에 관한 연구"을 약간 수정하였다.
1 허진무, "'외국인 20개월 구금법' 국회 통과 후폭풍... 시민 사회 "기만적" 비판," 「경향신문」, (2025. 3. 2.), 접속일 2025. 4. 3., https://www.khan.co.kr/article/202503021922001.

않았다"고 반성을 하였다.[2]

실제로 헌법재판소는 출입국관리법의 강제퇴거 조항이 외국인 보호 기한을 한정하지 않아 사실상 무기한 보호(감금)하도록 한 것은 "보호의 일시적·잠정적 강제조치로서의 한계를 벗어나" 보호외국인의 자유를 침해하고, "그 기간의 상한을 두고 있는 국제적 기준이나 외국의 입법례에 비추어 볼 때 상한성을 정하는 것이 불가능하다고 볼 수 없다"고 보아[3] 헌법 불합치 결정을 내렸다. 하지만 개정법은 진보적 인권 단체들이 요구했던 최대 100일 대신에 최대 20개월에 이르는 장기간의 보호가 가능하게 하였다. 헌법재판소가 보호외국인의 신체 자유에 대한 기본 권리를 침해하지 않기 위해 일시적인 구금 조치 수준으로 하향 조정하도록 한 취지를 제대로 반영하지 못한 것이다. 또한 개정법은 법무부 산하에 개설될 '외국인보호위원회'의 강제처분 권한을 부여하면서 보호 처분 결정과 보호 관리의 주체를 여전히 법무부에 귀속시켰다는 점에서 위헌 소지 논란을 완전히 해소하지 못하였다. 결과적으로, 국제적 기준에 미달함으로써 '인권 후진국'이라는 오명을 여전히 벗어나지 못하게 된 것이다.

그러나 거대 야당인 더불어민주당은 추가 입장 발표를 하지 않았다.

---

[2] 복건우, "진보정당 반성문 쓴 출입국관리법 개정안 논란, 민주당은?," 「오마이뉴스」, (2025. 3. 7.), 접속일 2025.4.3., https://www.ohmynews.com/NWS_Web/View/at_pg.aspx?CNTN_CD=A0003108463&CMPT_CD=P0010&utm_source=naver&utm_medium=newsearch&utm_campaign=naver_news.

[3] 헌법재판소, 「출입국관리법 제63조 제1항 위헌제청 - 강제퇴거대상자에 대한 보호기간의 상한 없는 보호 사건 결정요지문 (220헌가1등)」, 종국일 2023.3.23.

이 개정안의 최종 법안(대안)이 마련되는 과정에서 제안된 두 개의 법안 중 하나가 자당 소속의 박주민 의원이 제안한 것(의안번호 2204347)이고, 그 법안이 인권 단체들의 요구를 상당히 반영했었다는 사실을 고려한다면 매우 의외의 대응이라 할 수 있다. 특히 탄핵 정국으로 윤석열 정부와 여당에 전방위로 대치 중인 제1야당이, 헌법재판소의 헌법 불일치 결정 사유를 제대로 반영하지 못한 정부 법안(의안번호 2204587)의 주요 내용이 최종 법안에 그대로 담기도록 너무 쉽게 동조했다는 면에서 의문을 남겼다. 이는 소수 진보 야당 책임자들이 자백한 무지의 투표와 달리 더불어민주당의 이재명 대표가 차기 대통령 선거의 조기 실시가 예견된 상황에서 당의 정치적 기반을 '중도 진보'가 아니라 '중도 보수'라 선언한 정치적 전략과 맞물려 있는 것이라는 의심을 걷어내기 어려운 것이다.

하지만 인권 단체들의 비판처럼 외국인의 기본권 침해를 지속시킨 출입국관리법 개정에 대한 책임을 정당과 직업 정치인들의 '무지'나 '국민 기만'의 탓으로만 돌릴 수 있을까? 이번 법 개정이 국민 다수의 입법 요구나 법 감정에 위배 된 것이라기보다, 오히려 현실적인 반영이었다고 보는 것이 더 타당하지 않을까? 퇴행적인 법 개정 사태 앞에 분명하게 직시해야 할 것은 인종주의가 보수와 진보 진영을 초월하여 우리 사회 공론의 장에 '자국의 이익 우선 보호'라는 정치 도덕의 논리로서 강력한 정치력을 발휘하고 있다는 사실이다.

이 글은 한국 사회에서 이주민 인권을 증진하는 정책과 제도를 새롭게 만드는 입법 일체를 방해하는 원인으로 한국적 인종주의를 지적하며, 그 탄생과 발전을 먼저 추적하게 될 것이다. 특히 "이방 나그네를 압제하지 말며 그들을 학대하지 말라"(출 22:21)라는 명령이 무색할 정도로 한국의 개신교인 다수가 인종주의에 휩쓸리고 있는 원인을 살펴볼 것이다. 이를 통해 한국적 인종주의 안에 담긴 '선주민-대한민국 국민'의 집단 이기주의가 드러나게 될 것인데, 도덕적 이상과 정치적 현실의 중재를 통해 기독교인의 사회정치적 책임 방법을 제시하고자 했던 라인홀드 니버의 기독교 현실주의(christian realism)가 도움이 될 것이다. 그러나 니버의 현실주의는 방법론적으로 변증론적 타협의 형태로 나타나기에 소수자 집단의 관점에서 "정의를 지연시킨다"라는 치명적인 비판에 직면하기도 했다. 이에, 21세기 탈세계화와 자국 우선주의로의 강력한 회귀 상황을 염두에 두며 '탈변증법적 이중 소명'(post-dialectical dual calling)이라는 새로운 개념으로 현실주의에 안주하지 않는 기독교 정치윤리의 책임과 방법을 모색하고자 한다. '인종'이란 가공의 사회적 상징과 그 아래 구현된 현실적 차별 구조를 해체해 나가는 아주 긴 정치 투쟁에서 현실주의로의 타협에 안주하지 않고 끝까지 이상을 밀고 나아가는 이들을 변호하고 지지하는 것, 그것이야말로 이 글의 궁극적 목적이 될 것이다.

II. 한국 사회와 인종주의

1. 민족주의 속 인종주의

한국인 대부분에게 '한민족'이라는 말은 설명할 수 없는 뭉클함을

준다. 이 명칭이 일제 침략과 독립운동 그리고 해방, 분단과 통일운동, 산업화와 민주화, 나아가 K-문화의 세계화라는 근현대 역사의 주체적 집단으로서 '우리'를 호출하며 민족적 정체성을 끊임없이 각인시켰기 때문이다. 정치 이데올로기에 따라 민족성의 무게중심이 다를 수 있지만, 단군신화와 광개토대왕비, 삼국통일, 고려청자 그리고 조선왕조 500년 등으로 구성되는 '단일 민족'의 서사는 호출된 개인들에게 이념과 체제, 지역이나 계급, 대한민국 국민과 재외 동포 등의 갈등이나 구별을 넘어서 집단의 운명을 계속해서 지켜내야 할 도덕적 당위와 역사적 사명을 준다.

그러나 최근 '단일 민족'이라는 집단 서사의 이면에서 작동하는 한국적 인종주의에 대한 자성적 비판이 조금씩 일어나고 있다.

나인호는 우리말 사용에서 '단일 인종'이라는 말이 '단일 민족'이라는 말을 대체하지 않는 것에 착안하여, 한국 사회에서는 '인종'이라는 말 대신에 '민족'이라는 말이 우리와 타자를 구별 짓는 차별의 역할을 하고 있음을 지적하고 '민족' 기호 안에 포장된 한국적 인종주의의 기원을 추적한다. 그는 한국에서는 일본제국의 식민주의에 저항하기 위해 "한국인의 인종적 우월감을 고취시켜 국민적 통합을 이루려는 계몽운동가들"의 민족주의 담론[4]이 시작되었으나, 동시에 멸종의 공포로 인해 "한국을 위협하는 제국주의 세력 모두를 잠재적인 인종의 적, 즉 '적대 인종'(an-ti-race)으로" 돌릴 위험이 있는 인종적 증오 담론으로의 가능성을 내재하게

---

[4] 나인호, "'인종'에서 '민족'으로: 한국적 인종주의의 탄생, 1880~1910," 이화여자대학교 아시아여성학센터 편, 『한국의 인종, 민족, 반/다문화』(동인, 2023), 25.

되었다고 본다.5

현재환의 경우, 일제 강점기 이후 오늘날에 이르기까지 한국의 유전학자들과 의학 연구자들이 시행해 온 한국인 집단에 대한 인류 유전(human heredity)의 계보를 추적하며 한국인 집단을 유전적 민족(genetic nation)으로 여기게 한 과학적 증거들이 시대별로 어떻게 달라졌는지 논증한다. 그는 유전적 민족을 만들어 온 과학 활동이 해방 이래 발전한 민족주의 외에도 다양한 이질적 정치적 기획들(국제적 인류 유전 연구들과 탈식민 국가 형성, 냉전 공공 외교, 지구화 등)의 결합 결과라고 밝히며,6 '한민족'의 유전적 단일성에 대한 과학적 증거들에 얽혀있는 사회정치적 맥락을 폭로한다.

민족의 자긍심을 북돋는 순기능으로서의 '단일 민족' 담론을 추적하며, 한국의 인종주의를 비판적으로 논증하는 새로운 연구들은 '한민족'이라는 명칭에 개인의 정체성을 명예롭게 동화시키는 이들에게 매우 낯설거나 불편할 수 있다. 나인호의 말처럼 한국인들은 자신들을 '단일 인종'으로 호칭하지 않을뿐더러, 굳이 인종으로 표현해야 할 때에는 동아시아 일대의 다양한 민족들이 함께 형성하는 하나의 거대 집단으로서의 '황색 인종'(mongolide) 안에 자신들을 포함하는 데 주저하지 않는다. 또한 유럽이나 미국과 달리 한반도에서는 인종 학살이나 흑인 차별과 같은 '소수 인종 차별'(racial discrimination against minorities)이 일어나지 않았기(않았다고

---

5 *Ibid.*, 27.
6 현재환, "유전적 민족 만들기: 한국의 인류 유전 연구, 민족 정체성 그리고 초국적 과학 교류 1926-2009," (서울대학교 박사학위 논문, 2018), 3.

생각하기) 때문에, '한민족'이라는 구별 개념의 사용 자체만을 두고 '인종 우월성'이나 '인종으로 인한 폭력이나 차별'의 상위 개념으로서의 '인종주의'와 연관시키는 것이 적절한지 의문을 가질 수 있다.

그러나 '인종주의'에 대한 최근 연구 경향에는 '인종'이 생물학적 차이에 따라 인류를 구별하는 객관적 지식이 될 수 없다는 전제가 깔려 있다. 스튜어트 홀(Stuart M. Hall)은 피부색으로 가시화하는 유전적·생물학적 구별로서의 '인종'이라는 말을 라캉의 "미끄러지는 기호"(signifiant flottant)라는 말을 차용하여 설명하면서, 인종의 구별이 단순히 객관적으로 피부색에 따른 구별로서의 단일 기의를 지시하는 것이 아님을 폭로한다. 쉽게 말해, 인종은 단순히 객관적 지식으로서의 "진실 형태"에 머무는 것이 아니라, 하나의 담론으로 작동(discursive operations)하면서 인간 사회 안에서 이해의 질서를 구축하고, 인간 실천을 범주적으로 조직하며, 이에 따라 실제적 효과를 끼치는 하나의 "진실 체계"(regime of truth)라는 사실이다.[7]

그런데 홀은 인종이란 "백인 서구가 타자성의 담론적 각인을 통해 서구와 백인의 정체성을 구축하고 공고화하는 수법"으로서 "서구의 타자 생산"의 과정에서 발명된 것이라 주장했다.[8] 그러나 인종주의가 유럽이나 미국과 같은 백인 주류의 서구 사회에서만 발생한 것은 아니다. 주류 집단과 비주류 집단으로 나뉘는 사회 어느 곳에서나 주류 집단에 의한 비주류 집단의 타자화가 발생하며, 비주류 집단들 간에도 후순위를 가리는

---

[7] 스튜어트 홀/임영호 옮김, 『인종은 피부색이 아니다』 (컬처룩, 2024), 94.
[8] Ibid., 95.

제3의 타자화가 끊임없이 진행된다. 인종주의에는 타자화와 주류화, 배제(exclusion)와 포섭(inclusion)이 모두 관련 있다. 그러므로 인종주의를 권력관계와 사회구조들, 제도들, 실천, 지식, 신념 등에 복합적으로 관련된 지배 이데올로기로 볼 때, 사회적 위계와 다양한 불평등에 대한 우리의 이해를 심화할 수 있다.[9]

그러한 이유에서 오늘날 인종주의 비판 연구는 '인종' 문제에서 '민족'이나 '종족' 문제, 더 나아가 사회문화적으로 생산된 소수 집단(토착민, 탈북민, 중국인, 공산주의자, 난민, 이주노동자, 아랍인, 불법 이민자, 퀴어 등)에 대한 다양한 타자화 담론을 '인종주의'라는 큰 틀 안에 분석하며, 한 사회에서 은폐된 주류 집단에 의한 소수 집단 차별 체제를 비판하는 것으로 확장한다. 혹은 인종이 젠더, 나이, 능력, 주류 언어 사용 능력, 시민권, 사회적 지위 등과 어떠한 교차적 관계 안에서 차별을 강화하는지 연구하기도 한다.

하지만 앞서 언급한 대로, 한국의 민족주의는 일제 강점기와 한국전쟁 그리고 분단 체제의 확립기를 거치며 일본 식민주의와 냉전 이데올로기에 대항하는 영토, 언어와 음식, 관습과 전통 등에서 문화 사회학적 동질 집단으로서의 '우리'에게 집단의 자긍심을 회복시키는 포섭 담론으로 순기능을 해왔음을 아주 부인할 수 없다. 또한 이 시기 우리 국토에 거주하거나 방문했던 '외국인'의 다수가 제국주의와 냉전 체제의 강대국 국민(일본인,

---

9 Catherine Larochelle, "What Racism? Race and Racism in Recent Canadian Historiography," *Canadian Historical Review* 105 (2024), 99.

러시아인, 미국인, 중공인)이었기 때문에—그들의 피부색과 관계없이— 군사력이나 경제력, 기술력의 우위에 기반한 두려움이나 선망의 이방인으로 인지되었다. 당연히 주류 집단에 의한 소수 집단의 타자화를 지시하는 인종주의와는 거리가 있어 보일 수 있다. 하지만 보수와 진보의 정치 이데올로기 갈등이 극도로 첨예화되는 대한민국 근현대사에서 강대국의 외국인들 역시 진영에 따라 '양키', '양놈', '코쟁이', '쪽발이', '짱개'와 같은 호칭으로 인종화되어 호명됨으로써 '한민족'이라는 말로 상징되는 국수적 민족주의에 내재한 열등감이나 두려움을 드러내었다. 국수적 민족주의와 관련하여, 박형신은 "역사적으로 종종 민족주의에 바탕한 반식민주의가 민족주의의 순기능으로 작용하였지만, 식민주의의 근원 역시 민족주의였음"을 강조하며, "민족주의를 이용하여 식민주의에 저항하는 것은 일시적 및 일정 부분 가능할 것이나 극복할 수 없는 개념적 충돌"을 만들어낸다고 지적하였다.10

2. 졸부적 인종주의로의 변화

그러나 88올림픽이나 2002월드컵과 같은 국제적 행사 유치, 급속한 경제 성장과 한류 산업의 확산, COVID 대처와 같은 집단의 경험을 거치며 '한민족'이라는 정체성은 비교우위의 우월감으로 급속히 전환되기 시작하

---

10 박형신, "한국의 배타적 민족주의, 시민사회론, 선교적 교회론," 「신학과 실천」 48 (2016), 530.

였다. 이러한 현상은 1990년대에 접어들며 저임금 산업구조의 구조 개혁 없이 노동력의 부족과 지역 불균형 개발 등의 문제를 외국인 노동자와 재외 동포, 결혼이주여성[11] 등의 인구 유입으로 만회하고자 했던 정책들과 관련이 깊다. 실제로 정부가 실시한 1993년 산업연수제와 2004년 외국인 고용허가제는 한국보다 경제 상황이 열악한 나라들을 '송출 국가'로 지정함으로써 외국인 이주노동자들의 국적이 중국, 동남아시아, 구소련 연방 국가 등에 집중되었다. 1999년 재외동포법 실시와 1990년대 이후 농촌 사회를 중심으로 장려된 국제결혼의 증가 역시 중국 동포나 중국인의 국내 거주 인구를 폭발적으로 확대하였다. 이는 '코리안 드림'에 기반한 외국인 이주가 실제로는 대한민국의 산업과 인구 정책에 의해 주도된 것임을 뜻한다.

이러한 배경에서 '불법 체류자'라는 항목이 1960년부터 매년 조사 발표되던 법무부 출입국사무소의 통계 리스트에서 1992년 통계 자료부터 명시적으로 등장하기 시작하였으며,[12] 1990년대 후반에 이르러 체류 자격이 미비하거나 체류 기간을 넘긴 외국인들을 사회 불안이나 범죄율 증가로 연관 짓는 통계 조사나 연구가 발표되기 시작했다는 점은 한국 사회에도 주류 민족의 동질성과 우월성에 기초하여 소수 집단을 타자화하는 서구적 인종주의와 유사한 문제가 발생하기 시작했음을 나타낸다.

---

[11] 유승희, "결혼이주여성의 인구사회학적 특성과 문화적 차이가 사회서비스 욕구에 미치는 영향에 관한 다층분석,"「보건사회연구」 43 (2023), 196.; 정기선, "결혼이주여성의 한국이주 특성과 이민생활적응: 출신국가별 차이를 중심으로,"「인문사회과학연구」 20 (2008), 70.
[12] 법무부 출입국·외국인정책본부,「출입국통계자료」, 1960~1992.

물론 한국 정부는 1990년대 후반 이후 폭발적으로 증가한 외국인 노동자와 결혼 이주 여성을 우리 사회에 포용하기 위해 다문화주의에 기반한 다양한 정책들을 펼치며 체류의 안정성을 높이고자 했음을 부인할 수 없다. 그러나 인종과 민족, 원주민을 연구하는 조디 멜라메드(Jodi Melamed)는 다문화주의가 신자유주의에서 핵심으로 작동하고 있는 인종차별과 인종주의를 감추는 역할을 하면서 전통적 자본주의 속 인종주의를 현대 사회에서도 실효적으로 연장되도록 한다고 비판한다. 그는 "다문화주의는 신자유주의 정책이 자유와 기회에 기반한 탈인종차별적 세계로의 열쇠인 것처럼 묘사한다. (그러나) 신자유주의 정책은 새로운 인종적 주체들을 생산하고, 새롭게 특권을 누리는 집단과 낙인찍힌 집단을 창조하고 구별한다. 다문화주의는 신자유주의 수혜자들의 부와 이동성 그리고 정치 권력을 '다문화 세계 시민들'이 누릴 수 있는 정당한 보상으로 규정한다"라고 비판한다.13

바로 이러한 관점에서 한길수는 1990년대 후반부터 나타나는 한국 사회의 인종주의를 '졸부적 민족주의'라 호명한다. 그는 혈통에 기반한 한국인의 우월성은 한국인이 증오했던 일본인들의 '일본성'(japaneseness)과 상당히 유사하다고 지적하며, "한국인들은 자본주의적 생산 시스템을 이용하여 한국 산업의 모든 분야에서 외국인들을 착취할 뿐만 아니라 경제적으로나 그 밖의 모든 사람을 차별할 권리가 있는 것처럼 느끼고

---

13 Jodi Melamed, "The Spirit of Neoliberalism – From Racial Liberalism to Neoliberal Multiculturalism," *Social Text* 24 (2006), 1.

있다"고 비판한다.14 특히 1996년 OECD 가입은 "졸부적 민족주의를 실행하기 위한 '권리'를 더욱 정당화"한 계기가 되었다고 지적한다. 그는 한국인들이 외국인 노동자들의 출신 국가가 가난할수록 더 많이 차별하였고, 그 차별의 부당성을 은폐하기 위해 외국인 노동자들의 '검음'(blackness)을 차별당해도 마땅한 이유로 합리화했다고 비판한다.15

그러나 한길수는 한국의 졸부적 인종주의가 한국 사회가 신자유주의라는 새로운 경제 패러다임을 적용하는 과정에서 새롭게 직면하게 된 이질적 현상이라 보지는 않는다. 이는 한국의 졸부적 민족주의가 한국인들이 일제 식민주의와 서구 제국주의를 거치며 "'지식과 존재의 식민성'의 포로"가 된 결과로서 프란츠 파농의 탈식민주의 비판 이론으로 분석될 여지가 있기 때문이다.16

이러한 사실은 한국의 산업 발전 과정에서 이주한 외국인 노동자나 결혼이주여성에 대한 차별이 단순히 인격적이거나 감정적 모욕, 신체적이거나 언어적 폭력과 같은, 한국인 개인의 일탈 행위로만 발생하지 않는다는 것을 암시한다. 내부적으로 볼 때 1990년대 이후 발생한 한국의 인종주의적 차별은 경제 개발 이후 국내 비숙련 저임금 노동 인력을 외국인 연수자 및 노동자로 대체하는 산업 노동 구조의 재편 과정에서 발생한 것이다. 그러나 보다 본질적으로 이러한 현상은 19세기 중엽부터 1970년대까지

---

14 한길수/김수정 옮김, 『한국의 졸부적 민족주의와 다문화주의』 (해남, 2023), 36-37.
15 *Ibid.*, 39.
16 *Ibid.*, 40.

서구권 산업자본주의 국가에서 이미 광범위하게 나타난 것이기도 했다. 알렉스 캘리니코스(Alex Collinicos)에 의하면, 18~19세기 노예제도와 식민제국주의의 몰락으로 인종차별의 구시대적 물적 토대의 가시성이 약화되었는데도 또다시 '새로운 차별'이 나타났다. 그것은 산업자본주의가 임금 노동을 착취하는 과정에서 대규모 외국인 인력을 끌어모은 결과로 발생할 뿐만 아니라, 수용국의 '토박이' 노동자와 이주노동자 사이의 노동계급을 인종에 따른 분열로 만들어 '노동계급'을 약화하는 효과를 낸다.[17] 다시 말해 신인종주의는 노동계급 내부의 인종 갈등을 통해 노동계급의 투쟁력을 약화함으로써 자본가 계층의 이익을 극대화하는 데에 이바지한다.

바로 이점을 염두에 둘 때만 지난 40여 년간 한국 사회가 이룩한 민주주의와 경제 성장에도 불구하고, 왜 외국인 노동자나 결혼이주여성의 체류와 노동, 주거와 복지 등과 관련된 다양한 삶의 기본적 권리를 보장하는 법들의 입법이나 개정이 지체되고 있는지, 혹은 오히려 더 나쁜 조건으로 추락시키는 법들이 추진되고 있는지 이해할 수 있다. 외국인들의 입국과 체류는 그들이 이곳에서 누리는 삶의 조건이 한국인 노동자나 저소득층이 누리는 수준보다 낮아, 결과적으로 대한민국 산업 구조 내부의 노동력 착취 대상으로서의 효용성을 증명하는 수준에 머물 때만 허가받을 수 있다. 이러한 상황에서 인종주의는 한국 사회에서도 외국인 이주자들의 실질적 경제 기여도를 은폐하고 '열등성'에 대한 거짓된 혹은 비합리적

---

17 알렉스 켈리니코스/차승일 옮김, 『인종차별과 자본주의』(책갈피, 2020), 60-66.

정보를 유포시킴으로써 '차별받아 마땅한 존재'라는 사회적 신념을 광범위하게 유포하는 기능을 했다.

이에 대해 정종훈은 이주민 노동자의 '인권'과 주권 국민의 '시민권'의 충돌이 일어는 상황이라고 말하고, "인권이 시민권의 상위 개념이며 시민권은 언제나 인권에 의해 제한되어야 한다"고 주장하며 이주노동자의 인권을 배려할 필요성을 강조하였다.[18] 하지만 '인권' 관점의 도덕적 정당성이 명백한데도, 실제 입법 과정에 영향을 끼치는 주권 국민의 여론을 바꾸는 데에는 분명한 한계에 직면한다. 한나 아렌트의 통찰처럼 인권은 국민으로서의 권리가 부재할 때 허구적이고 추상적인 경우가 많은데, 대한민국에서 대한민국 국적 없이 체류하는 이들 다수의 상황이 그러한 것이다.

분명한 것은 외국인 이주자의 인권을 억압하거나 착취하지 않기 위해서는 외국인 삶의 조건이나 권리를 보장하는 관련 법을 개정하거나 새롭게 제정하는 입법 행위가 필요하다는 사실이다. 그러나 더 많은 권리를 쟁취하고자 당파적 싸움을 펼치는 대의민주주의 정치의 장에서 주권자들(선주민·국민)에게 '그들 몫'(그들 몫이라 확신하는 것)을 '주권 없는 자들'(이주 외국인)과 나누는 넉넉하고 자발적인 관용을 발휘해 달라고 기대하기가 현실적으로 쉽지 않다. 라인홀드 니버의 말처럼 개인은 도덕적일 수 있을지 모르나, 집단은 그럴 수 없는 것을 매일 보는 것이 정치의 현실이다. 그러한 의미에서 한국의 인종주의는 본질적으로 포섭과 배제의 원리로 무리 짓는 정치적

---

18 정종훈, 『기독교 사회윤리와 인권: 함께 누릴 인권을 지향하는 사회』 (대한기독교서회, 2003), 152.

동물로서의 인간 본성과 무관하지 않다.

3. 식민주의적 인종주의의 재생산

그런데 주지해야 할 점은 인간 본성의 이러한 정치 성향에도 불구하고 한국 사회의 외국인 이주자 배제 정치가 최근 특정 외국인들, 즉 '무슬림'과 '중국인'(중국 동포 포함)에게 상대적으로 훨씬 강하게 작동하고 있다는 사실이다. 이는 한국 경제 발전에 중요한 계기가 되었던 70~80년대 1차 중동 건설 호황과 2000년대 중반 2차 건설 호황[19] 그리고 2000년대 이후 급증한 한국 경제의 대중국 의존도를 고려할 때 합리적으로 잘 이해되지 않는 측면이 있다. 즉, 앞서 설명했던 19~20세기 초반의 국수적 민족주의와 1990년대 이후 졸부적 인종주의만으로는 왜 이 두 집단이 한국 사회의 정치 공론의 장에서 배제 받아 마땅한 집단으로 가장 많이 지목되었는지 설명하기 어렵다.

실제로 무슬림과 중국인은 객관적인 분류상 공통점을 찾기가 어렵다. 하지만 누구의 관점에서 바라보느냐에 따라 문제적 이주민으로 규정될 수 있다. 우리 사회에서 이 두 집단을 문제적 이주민으로 부각하는 데 '보수 개신교'의[20] 역할이 결정적이었음을 부인할 수 없다. 보수 개신교란

---

[19] Shim Ui Sup, "Korea's Participation and Structural Change in the Middle East Construction Market,"「한국중동학회논총」28 (2007), 196.

[20] 본 논문은 한국 복음주의 개신교회에서 나타나는 보수적 정치세력을 지목할 때에는 '개신교'라는 말을 사용하고, 일반적으로 개신교와 가톨릭을 포함한 그리스도인

강한 종교적 신념으로 성서와 교리의 원리 원칙을 고수하는 신앙의 보수성을 일차적으로 의미하지만, 실제로는 성서와 교리의 원리 원칙을 자유민주주의와 시장 자본주의의 틀 안에서만 지킬 수 있다고 강력히 신앙한다는 면에서 대한민국 우파 정치세력으로 정체화한다.

보수 개신교가 한국 경제 발전에 '오일 머니'를 공급하는 무슬림에 대한 호감을 적대로 전환하게 된 계기는 2009년 이명박 정부의 이슬람 채권에 면세 혜택을 주는 내용의 세제 개편안(일명 이슬람 채권법 혹은 수쿠크법) 발의와 2015년 박근혜 정부의 할랄 식품 산업의 적극적 지원과 유치 계획 발표에 있다. 당시 정부는 무슬림 자본과 음식의 국내 유입을 통해 경제 발전의 새 국면을 열려고 하였으나, 보수 개신교는 이를 전 세계를 이슬람화하려는 전투적 선교 목적에 따른 이슬람교의 한국 침투라고 인식하며, 이에 대한 적극적인 방어 전선 구축을 독려하였다.

문제는 보수 개신교가 적극적 정치세력화를 통해 정부의 이슬람 자본과 할랄의 도입 계획이 무산되는 데에 결정적인 역할을 하게 된 이후 2018년 제주도 예멘 난민 입국과 2020년 대구 이슬람 사원 건립에 이르기까지 무슬림의 국내 이주와 거주를 방해하는 핵심 정치세력으로 자리 잡았다는 것이다. 이러한 일이 가능했던 것은 2010년대에 접어들어 보수 개신교 내에 이승만의 기독교 입국론에 대한 이데올로기 작업이 본격적으로 확산하면서―헌법상 명백히 국교를 갖지 않음이 명시되어 있는데도 불구

전체를 가리킬 때는 기독교라는 말을 사용하겠다.

하고— 개신교인 다수가 '대한민국'을 기독교가 국교이거나, 최소한 중심이 되어야 하는 국가로 인식하게 된 것과 깊은 관련이 있다.

한국 사회에서 무슬림에 대한 적대감의 생산과 확산의 핵심 주체가 보수 개신교 집단이었던 것에 비해, 중국인에 대한 적대감은 중국인 이주노동자들에 대한 사회 전반의 거부감과 혐오에서 일찌감치 기원하였기에 그 시작에 있어 개신교의 특별한 역할이 있다고 보기 힘들다. 그러나 김현준에 따르면, 2020~2023년 문재인 정부의 "팬데믹 방역 정책은 '종교(예배)의 자유'의 제한에 따른 개신교의 박해 피해 의식을 증대시킨 계기"가 되었는데 "이 피해 의식은 (중국) 공산주의 음모론을 부추겼다"라고 한다.[21]

이렇게 한국교회 내에 자리 잡기 시작한 중국인 혐오는 윤석열 대통령 탄핵 정국에서 계엄령의 정당성 근거로서 제시되는 중국의 한국 선거 개입, 중국인 건강보험료 남용, 중국인 자녀 대학 입학 특혜 등의 가짜뉴스를 통해 보수 개신교계의 목회자 강단 설교, 교인 단톡방, 보수 개신교 거리 시위·집회 등에서 급속히 확산하였다. 보수 개신교가 한국 사회의 뿌리 깊은 중국인 혐오를 정치적 갈등 국면에서 우파 세력을 확대하는 수단으로 활용하기 시작했다. 즉, 중국 혹은 중국인을 대한민국의 '자유민주주의'를 침탈하고 전복시키려는 '공산주의' 세력이라 규정함으로써, 한동안 잊혔던 냉전 체제적 사고를 부활시킨 데에 결정적으로 이바지했다.

그러나 한국의 보수 개신교가 무슬림과 중국인을 문제적 이주민으로

---

21 김현준, "한국 개신교우파(메타)내셔널리즘: 개신교 극우화와 '기독교국가'론 분석," 한국언론학회 종교와 커뮤니케이션 연구회 자료집 「개신교 국가 개신교 극우화」 (2025), 4.

부각하는 데에는 단순히 국내 정치에 있어 개신교의 정치력을 확장하기 위해서만이 아니다. 보다 근본적으로 볼 때, 한국의 보수 개신교 집단은 미국 우파 정치의 핵심 세력인 백인 복음주의자들의 인종주의를 그대로 내면화했다. 안테아 버틀러(Anthea Butler)에 따르면, 1970년대 공화당과 동맹한 미국 복음주의 개신교는 미국 백인 개신교인들이 투표 때마다 공화당 후보에 적극적으로 투표하고, 그 정치적 조직과 입법 활동을 강력히 지지하는 정치세력이 되도록 만들었을 뿐만 아니라, 가부장제와 애국주의를 수호하며, 미국 내 문화적 헤게모니를 장악하도록 했다. 특히 그는 백인 복음주의자들이 트럼프주의(trumpism)를 사랑하는 가장 중요한 이유가 그것이 인종주의이기 때문이라고 지적한다.[22] 또한 미국의 역사적 상황에서 인종주의가 대부분 미국 내 공동 거주자인 흑인에 대한 차별이 관련 있는 것이지만, 2001년 9·11 사건 이후 펼쳐진 이후 테러 세력과의 전쟁에서 미국의 복음주의자들이 이 문제를 기독교와 이슬람교의 대립으로 인식하며 부시 정권의 든든히 지지자가 되었음을 버틀러는 잊지 않고 폭로한다.[23]

이러한 점을 고려할 때, 지난 십여 년간 한국 개신교에서 빠르게 성장한 무슬림 혐오는 냉전 이후 이슬람 세계와의 대립적 구도를 통해 세계 패권을 재장악하고 확산하려는 미국 보수 정치세력이 개신교 백인 복음주

---

[22] Anthea Butler, *White Evangelical Racism – The Politics of Morality in America* (Chapel Hill: The University of North Carolina Press, 2021), 6.
[23] *Ibid.*, 105.

의와 동맹하며 만들어낸 이슬람 배제의 인종주의에 대한 무비판적 수용과도 깊은 관련이 있다고 봐야 할 것이다. 최근 급속하게 확산하는 한국 보수 개신교 내의 중국인 혐오 현상 역시 단순히 윤석열 대통령의 탄핵이라는 국내적 요인에 의한 것이 아니라, 제2 트럼프 정부의 반중국 정책에 따른 중국인 배제 인종주의의 강한 영향을 받고 있다고 보는 것이 합리적이다.24

그렇다면 한국 개신교인들에게 나타나는 인종주의는 단순히 국수적 인종주의나 졸부적 인종주의로만 볼 수 없다. 왜냐하면 한국 개신교인들의 인종주의는 한국 근현대사를 통해 '미국'과 '미국 개신교'와의 친밀성을 높여 '동맹'의 자격을 취득하고 유지하기 위해 온 힘을 쏟아온 과정에서 '미국 (백인) 우월주의'를 비판 없이 받아들이며 발생했기 때문이다. 즉, 그들은 미국 혹은 미국 개신교가 '인종화' 작업을 통해 '적'으로 규정하는 집단에 대한 동일한 시선을 추종적으로 내면화하면서, 미국 주류 집단 인종주의의 재생산자가 되었다. 파농의 개념을 패러디한 하상복의 말을 빌려오자면 '황색 피부, 백색 가면'의 존재자들이 된 것이다.25 즉, 탈식민주

---

24 김진호의 경우, 미국의 '중국 봉쇄' 정책은 트럼프 2기 정부뿐만 아니라, 오바마 정부의 아태 지역 재균형 정책, 트럼프 1기 정부의 인도-태평양 전략과 쿼드(qead), 바이든 정부의 동아시아 삼각 안보동맹까지 연결되어 있다고 해석하면서, 미국의 중국 배제 정책이 특정 정권에 한정된 것이 아니라, 미국이라는 국가적 맥락에서 이루어지고 있다고 본다(김진호, 『극우주의와 기독교』, 홀가분, 2024, 106-107). 그러나 한국 보수 개신교에 대한 영향만을 놓고 볼 때 미국의 중국 배제 정책은 미국의 국가적 정책으로서가 아니라 공화당 출신의 트럼프 정부의 정책으로서 영향을 끼치고 있다고 보는 것이 적절할 것이다.
25 하상복, "황색 피부, 백색 가면: 한국의 내면화된 인종주의의 역사적 고찰과 다문화주의," 「인문과학연구」 33 (2012), 40.

의적 관점은 한국 보수 개신교인들의 인종주의가 민족주의나 국익 우선주의와 왜 결과적으로 어긋나 있는지, 그래서 현상적으로는 왜 태극기와 성조기, 이스라엘 국기를 거리 애국 보수 개신교 시위에서 함께 흔들도록 하는지 이해할 수 있도록 돕는다.

III. 인종주의에 대항하는 기독교
― 현실주의에서 탈변증법적 이중 소명으로

1. 라인홀드 니버의 '기독교 현실주의'와 그 한계

지금까지 본 연구는 국수적 인종주의와 졸부적 인종주의 개념을 통해 한국 근현대사에서 정치 이데올로기와 계급을 초월하여 대한민국 국적 소유자들에게 광범위하게 공유되어 온 인종주의를 분석하였다. 또한 우리 사회에서 최근 급속히 확산하고 있는 반이슬람과 반중국의 혐오 현상의 원인으로서 보수 개신교인들의 국가주의(자유민주주의 대한민국)를 지목하고, 이들에게 미국 백인 우월주의를 내면화한 식민주의적 인종주의가 깊이 작동하고 있음을 지적하였다. 결과적으로 국수적 인종주의나 졸부적 인종주의, 나아가 식민주의적 인종주의의 집합적 맥락 속에서 외국인 이주자의 체류와 거주 전반에 대한 법적 권리 부여를 허용하지 않는 정치 집단으로서의 정체성은 '단일 민족으로서의 한민족'으로 상징되는 혈통적 집단에서 '대한민국 국민'이라는 시민권을 배타적으로 독점한 선주민 집단으로 옮겨갔다. 이러한 상황에서 한국의 인종주의는 국적 보유자들이 국적 미보유자들에 대해 행하는 차별과 배제의 '집단 이기주의'로 나타나고 있다.

20세기를 대표하는 기독교윤리학자 라인홀드 니버는 정치 영역에서 나타나는 '집단 이기주의'에 대한 성찰과 이에 대한 기독교 정치윤리적 대안을 '기독교 현실주의'라는 개념에 담아 풀어내면서, 신학뿐만 아니라 정치학, 나아가 미국 정치계에도 큰 영향력을 끼쳤다. 그의 대표 저서의 제목이자 그 자체로 유명한 문구가 된 "도덕적 인간과 비도덕적 사회"라는 말은 단순히 "개인으로서는 도덕적일 수 있으나, 개인이 여럿 모여 집단이 되면 이기적이게 된다"라는 뜻만을 나타내지 않는다. 왜냐하면 니버가 전제하는 인간의 도덕(인간이 이상적으로 추구하는 도덕)과 사회의 도덕(사회가 이상적으로 추구하는 도덕)은 같은 것이 아니기 때문이다.

그는 인간의 도덕적 이상을 비이기성(unselfishness)으로, 사회의 도덕적 이상을 정의(justice)로 명시한다.[26] 그는 전자를 '종교적 도덕'이라 부르며 실현 가능성이 없지 않다고 보았으나, 후자는 '정치적 도덕'이라 부르며 실현 가능성이 거의 없다고 보았다. 모든 인간이 누구나 쉽게 도덕적일 수는 없더라도, 예수나 간디와 같은 성인들의 예에서 볼 수 있듯이 개인으로서의 인간이 비이기성이라는 순수한 이상을 성취하는 것이 완전히 불가능한 것은 아니기 때문이다. 이에 비해 인간 다수의 집단으로서 사회는—그것

---

26 라인홀드 니버/남정우 옮김, 『도덕적 인간과 비도덕적 사회』(대한기독교서회, 2003), 238.

이 어느 집단이라고 해도ㅡ 완전한 정의를 순수한 상태로 이룩하는 것이 불가능하다고 지적했다. 집단 내부의 사람들 사이에서 이익의 경쟁과 침해가 발생하는 것을 피할 수 없기에, 이러한 상태에서 평등과 정의를 이룩하려면 사회적 갈등과 폭력의 발생을 피할 수 없고, 결국 물리적 강제력 사용이 필요할 수밖에 없음을 인정한 것이다. 즉, "정의란 사랑의 실현 그 자체가 아니라 힘의 균형이란 차원에서 사랑을 향한 하나의 상대적 접근이 된다"고 한다.[27]

문제는 타자의 불행과 관련하여 발생하는 문제들이 개인들 간의 관계에서는 비이기성의 도덕에 의해 양보나 조정으로 해결될 수 있었던 것들도, 집단들의 관계 차원으로 옮겨가는 순간 자기 집단의 이익을 최우선으로 지키고자 하는 집단 이기주의적 충동으로 쉽게 변질되어 해결점을 찾기 불가능해지는 일이 발생한다는 점이다.[28] 니버는 종교적 도덕(비이기성)과 정치적 도덕(정의) 사이 대립은 너무 극단적이어서 타협할 수 없는 관계에 있다고 지적한다. 그러나 다행히도 그는 '종교적 도덕'과 '정치적 도덕'의 극한 대립 속에 인간 사회는 대개 '합리적 도덕'으로서의 의무의 윤리(an ethic of duty)를 발전시키면서 사회 구성원들이 지켜야 할 의무 차원의 도덕률을 사회의 제도나 법 차원에서 구축해 왔음을 어느 정도 긍정적으로 평가하였다.

---

27 박우영, "신앙공동체의 실천과 기독교 현실주의와의 관계성 연구," 「신학과 실천」 39 (2014), 551.
28 니버 (2003), 242.

하지만 니버는 합리적 도덕으로서의 '의무의 윤리'가 근본적으로 일종의 '공리주의'로 기울어지는 성향을 명확하게 비판적으로 지적한다. 다시 말해 한 사회는 종교적 도덕과 정치적 도덕의 극한 대립 속에 사회적 합의를 통해 구축되는 법과 제도 등으로 어느 정도 이타주의적 충동을 제한적으로 실현하지만, 실질적으로는 사회적 합의의 주체로서 힘을 발휘하는 주류 정치 집단의 이기주의적 충동까지 도덕적으로 승인하게 된다.[29] 문제는 이렇게 공리주의적으로 기우는 사회의 합리적 도덕은 '합리성'이라는 명분 아래 소수자 집단의 생명과 삶을 지키는 데 소극적이거나, 심지어 위험에 처하게 만드는 상황이 펼쳐지는 데 영향을 줄 수 있다.

이러한 현실에서 니버는 한편으로는 당시 유행한 사회복음주의자들이 개인의 도덕으로나 가능한 종교적 도덕 이상을 정치의 장에 쉽게 끌어드리는 것을 너무 낙관적이라고 비판하고, 다른 한편으로는 견제 세력 없이 폭력적인 강제력을 사용하는 토머스 홉스나 마틴 루터의 전제 군주 통치나[30] 공산주의통치 방식도 경계해야 한다고 보았다. 하지만 니버는 간디의 평화운동을 당시 유행한 사회복음주의자들의 낙관적 평화주의와 구별하면서, 간디의 비폭력 시민 불복종 운동이야말로 비폭력 저항 방식의 강제력을 정치의 장에 펼칠 가능성을 보여준 예로 높이 평가한다.

이상적 평화주의와 도덕적 완벽주의를 거부한 니버는 이상적인 종교

---

29 *Ibid.*, 240.
30 니버의 홉스와 루터의 현실주의 비판은 다음에서 찾을 수 있다. 라인홀드 니버/지명관 옮김, 『기독교 현실정치와 정치문제』 (현대사상사, 1973), 131.

도덕을 현실적 정책을 만드는 정치의 장에 적용하는 것은 불가능할 뿐만 아니라 그 둘의 조화 역시 원천적으로 불가능하다고 보았다. 이러한 판단 위에 그의 기독교 현실주의는 '도덕적 이원론'이라는 입장을 취하면서, "우리가 개인에게서 기대하는 것과 집단에서 기대하는 것 사이를 구별해야 한다"고 주장한다.[31] 나아가 "개인들로부터 그들 자신의 이기주의를 견제하고, 타인들의 이익을 이해하고, 따라서 협력의 영역을 확대해야 하는 의무에서 벗어날 수 없다"라고 말한다. 이는 기독교 정치지도자들의 소명이, 한편으로는 현실에 존재하는 집단 이기주의의 현실을 철저하게 인지하면서도 다른 한편으로는 집단들 사이의 이익을 가능한 한 비폭력적인 강제력을 통해 끊임없이 조정해 가는 것으로 이해하는 것이다.

이러한 관점에서 니버는 미국 소수 집단인 흑인 인종차별 문제에도 목소리를 냈다. 그는 "비인간성의 한 근원인 종족주의"라는 논문에서 미국에서 쉽게 사라지지 않는 소수 인종 차별을 미국의 문화적 후진성이라고 비판하며, 다른 동물들과 인간 자신을 구별시키는 '인간성'의 상징으로서의 합리성과 자유가 어떻게 현실에서는 인종주의적 차별을 생산하게 되는지, 그 모순적 상황을 다음과 같이 폭로한다.

> 이 자유가 인간을 다른 동물들로부터 구별시키고, 단일종으로서의 인류의 본질이기 때문이다. 다른 한편으로 보면, 그 모순은 합리적 피조물이라고

---

31 니버, (2003), 250.

생각된 인간이 인종주의적인 '우리 집단'이라는 비상식적이고 독특한 특징들에서만 공동의 인간성을 인식할 수 있다는 사실에 있다. 바로 이 인종주의적인 '우리 집단'이 모든 지역주의적인—또는 보다 최근에는 '민족적인'—공동체들의 기초가 되고 있는데, 이런 공동체들에서는 인간의 존엄성이 존중되고 권리가 인정되고 강화되지만, 이러한 분명한 인종적 동일성의 특징을 가지지 않는 다른 사람들은— 그 특징이 인종적이든, 언어적이든, 문화적이든, 아니면 종교적이든—마치 그들이 동일한 인류의 일부가 아닌 것처럼 잔인하게 취급된다.[32]

특히 니버는 기독교가 소수 인종 차별을 없애는 데에 무능했던 역사적 사실을 인정하며 인종주의를 강화한 기독교 신앙을 비판적으로 반성한다. 그는 스토아철학의 보편주의가 기독교 초기 신학 발전에 영향을 분명히 주었고, 사도 바울 역시 유대인과 헬라인의 구별을 초월한 보편주의를 주장하였음을 언급했다. 그러나 이러한 보편주의적 정신이 '기독교'라는 특정 종교에 병합됨으로써, 하나의 종교 집단 정체성으로서의 '기독교 보편주의'가 역설적으로 기독교적 반셈족주의를 발전시켰으며 유대인 차별의 역사 역시 막지 못했다고 지적했다.[33] 나아가 기독교 신앙이 미국 백인 기독교인들의 뚜렷한 인종적 정체성을 막고 흑인 차별을 멈추게 하기 데에도 오랫동안 무능해 왔음을 반성했다.

---

32 라인홀드 니버/오희천 옮김, 『인간의 본성과 공동체들』 (종문화사, 2016), 96.
33 *Ibid.*, 100.

그러나 인종주의에 대한 그의 태도는 흑인 해방신학자 제임스 H. 콘(James H. Cone)에 의해 신학적으로 신랄하게 비판받는다. 콘은 『십자가와 린치 나무』라는 제목의 대표 저서에서 본문 5개의 장 중 한 개의 장을 인종주의에 대한 니버의 기독교 현실주의적 태도를 강하게 비판하는 데에 할애한다. 그는 니버의 "기독교 현실주의가 니버의 급진주의의 원천일 뿐만 아니라 보수주의 원천"이라고 꼬집으며,34 그가 자본주의 산업 시스템에서 일어나는 계급적 불의의 문제에는 학문적 에너지를 집중하였지만, 동시대에 일어난 흑인 인종차별과 테러 사건 그리고 해방 운동에는 실질적으로 무관심하였음을 구체적인 사건들을 예로 들어 폭로하였다.35

앞서 살펴본 반인종주의적 저술 활동에도 불구하고 니버가 인종차별 문제에 대해 실천적으로 무능했던 원인은 무엇일까? 콘은 니버가 사상적으로 가장 급진적이었던 1930년대에 흑인들에 대한 린치 사건이 부활하고 짐 크로우 법(인종분리정책법)이 실효하는데도 불구하고 미국 사회에서 인종적 편견이 당장 사라져야 할 것이라기보다 점진적으로 약화하여야 할 것으로 보았다고 비판했다. 그의 기독교 현실주의가 방법론적으로 취하고 있는 점진주의(gradualism)가 생명의 위협에 처한 흑인들의 시급한

---

34 James H. Cone, *The Cross and the Lynching Tree* (New York: Orbis Books, 2011), 48.
35 게리 도리언 역시 니버가 그의 학문 여정에서 초기에는 평화주의에, 중기에는 사회경제적 평등에, 후기에는 파시즘과 공산주의 반대에 집중하였으나, 인종적 불의에는 큰 관심을 두지 않았음을 지적한다. Gary Dorrien, *The Making of American Liberal Theology – Idealism, Realism & Modernity 1900-1950* (Louisville : Westminster John Knox Press, 2003), 476.

상황에 대한 미온적 태도로 이어졌으며, 이는 결국 당장 미국 사회에서 발생하는 심각한 인종 폭력을 즉각적으로 중단시키는 실천으로 나아가는 데에 방해 요소가 된 것이다. 이에 콘은 "니버는 백인 남성의 입장에 서서, 유리한 관점으로 세계를 바라보는 것에 익숙"했기 때문에 "흑인의 입장에 서는 것에 실패하였으며, 단지 그들의 주변만을 맴돌았다"라고 비판한다.36 즉, 콘은 사회 정의를 강하게 내세운 니버의 기독교 현실주의 속에 모순적으로 숨겨져 있는 '인종적 정의(racial justice)의 부재'를 다음과 같이 꼬집는다.

> 니버는 자주 '예언자'로 불렸고, 그는 "모든 신학은 정말로 아모스와 함께 시작한다"라고 주장했지만, 그는 인종에 관련해서는 예언자가 아니었다. 우리가 예수와 마틴 킹의 순교에서 보는 것처럼, 예언자들은 위험을 무릅쓰고, 사회가 가난한 자들을 그들의 생명이 위험하게 취급하는 것에 저항하여 정의로운 분노를 발설해야 한다. 그러나 니버는 흑인들을 위해 어떠한 위험에도 처하지 않았다.37

물론 혹자는 "한 사람이 어떻게 세상에 존재하는 모든 차별에 실천적으로 저항할 수 있는가?"라는 반문을 할 수 있다. 혹은 "차별당하는 당사자가 아닌 이에게 당사자와 같은 수준의 분노에 찬 정의감을 요구하는 것은

---

36 James H. Cone, 40.
37 *Ibid.*, 61.

무리가 아닌가?"라는 의문을 제기할 수 있다. 그러나 이러한 질문에는, 로마제국에서 십자가에서 못 박혀 죽은 예수를 아는 신학자라면 자신의 국가에서 린치 나무에 매달려 죽은 그 많은 흑인을 보고 어떻게 예수를 떠올리지 않을 수 있는지를 묻는 콘의 질문으로 반문할 수 있다. 이러한 맥락에서 그는 "어떻게 니버는 미국에서 노예제와 분리 정책, 처형(lynch)의 명백한 비극을 무시한 채 그의 신학에서 십자가의 비극을 중요한 주제로 내세울 수 있었을까?"라고 비판한다.[38] 요약하자면, 콘은 미국 사회의 인종주의 문제와 관련하여 니버 신학의 실천적 무능 원인은 미국 사회의 인종적 부정의(racial injustice) 문제에 대한 안일한 태도(점진주의적 보수성)와 십자가 신학의 편파적 적용 탓이라고 보았다.[39]

그러나 니버 기독교 현실주의의 실천적 무능 원인을 그의 현실주의가 전제하고 있는 도덕적 이원론 구도에서도 찾을 수 있다. 앞서 살펴보았듯이 니버는 인간에게 비이기성을 추구하는 개인의 순수한 도덕(종교 도덕)과 사회 정의를 추구하는 사회적 도덕(정치 도덕)이 이중적으로 주어졌다고 했다. 그러나 이 둘은 절대적으로 대립하기 때문에, 정치적 타협을 통한

---

38 *Ibid.*, 63.
39 니버의 제자이자 친구였고 제임스 H. 콘의 말년에 학문적 동지였던 로널드 H. 스톤도 1926년 디트로이트 시장의 인종간 위원회(the Mayor's Inter-racial Committee)에서의 그의 저작과 1968년 인종 폭동에 대한 컬너 위원회 보고서에 대한 그의 검토문을 분석하며 니버가 흑인 차별을 방조했다는 비판에 반론을 펼친다. 그러나 스톤은 흑인 신학자들과 논쟁하기보다 백인으로서의 자기 관점의 한계를 인정하는 방식으로 조심스럽게 대화를 요청한다. Ronald H. Stone, *Reinhold Niebuhr against Racism* (Eugene: Cascade Books, 2024), 3.

사회적 의무(합리적 도덕)를 만들어 점진적으로 개선해 나가는 것이 중요하다고 보았다. 그러나 이 과정에서 니버는 실질적으로 개인의 종교 도덕을 이상적 평화주의나 도덕적 완벽주의라고 비판하면서, 이러한 순진한 주장을 정치의 장에서 실현하려고 하는 사회복음주의자들과 같은 정치세력을, 또 사회를 위험에 빠뜨리는 존재들이라 강하게 비판한다.

이러한 이유로 인해, 그가 전제한 도덕적 이원론은 실질적인 정치의 장에서 그 긴장을 지속하지 못하고, 하나의 정치적 타협안으로 빠르게 정리되도록 암묵적인 독촉을 받는다. 즉, 도덕적 이상과 정치적 현실 사이 혹은 예언자적 소명과 세속적 현실 사이에서 즉각적인 실효성을 갖는 '미완의 정의'를 찾게 되는 것이다. 이는 결과적으로 이상과 현실 사이의 중도적 조정으로 귀결되는 '변증법적 타협'이라고 할 수 있다.

문제는 이러한 타협이 사회의 주류 집단 관점에서는 '지혜롭고 관대한 정의'가 될 수 있지만, 소수 집단의 관점에서는 '지연된 정의이자, 지속되는 불의'로 머문다는 데에 있다. 더군다나 과거의 불의보다 진일보한 하나의 타협이 이루어진 뒤에도 소수 집단이 계속해서 짚어내는 다음 단계의 문제 제기는 성급하거나 과한 것을 요구하는, 배은망덕한 소란이나 소요라고 비난받을 위험이 크다. 현실 정치에서 이루어지는 변증법적 타협은 겉으로 볼 때는 주류 집단의 통 큰 양보로 보일지 모르지만, 실질적으로는 소수 집단이 당하는 불이익의 지속인 경우가 대부분이다. 타협을 모색하는 두 집단의 정치적 힘과 권리의 차이가 이미 현저하게 벌어져 있으므로, 그 타협 역시 한쪽으로 크게 치우치게 되는 것이다. 그러한 의미에서 정치적 타협의 장에서 변증법적 결론을 맺고자 하는 방식은 언제나 타협

자체를 지연시키거나 결렬시킬 수 있는 '합리적' 사유를 위협적으로 협상테이블에 올려놓는다. 이러한 상태에서 타협을 주도하는 주류 집단은 '합리적 중도'라는 외피를 덧입을 수 있지만, 저항하는 소수 집단은 공리를 해치는 '위험한 극단주의자'로 낙인찍힐 위험이 크다.

현재 한국 사회에 나타나는 이주자 인권이나 기본권, 체류나 노동 관련한 입법 논의의 지연이나 퇴행도 현실주의적 정치관이 사회 여론을 수도하는 결과라고 볼 수 있다. 안타깝게도 이 과정에서 이주자의 권리 보장을 위해 정치적 투쟁을 벌이는 이들이나 시민단체들은 '선주민·대한민국 국민들'의 이익을 훼손하거나 위험에 빠뜨리는 '순진한 이상주의자'라는 역공을 당하는 경우가 허다하다. 이러한 문제로 인해 니버의 기독교 현실주의적 관점은─'선주민-국민'의 집단 이기주의를 비판적으로 성찰하게 하는 강점이 분명히 있지만─ 인종주의의 주된 피해자인 이주민들과 또 이들과 더불어 일하는 기독교인들이 법과 제도를 바꾸기 위해 투쟁하는 과정에서 희망보다는 고립과 좌절을 더 많이 직면하게 한다는 면에서 결정적인 한계를 드러낸다.

2. 대안으로서의 탈변증법적 이중 소명

니버의 기독교 현실주의의 문제는 도덕적 이원론을 전제하면서도 실질적으로는 정치의 장에서 '이상주의'라는 낙인으로 개인의 순수한 도덕(종교도덕)이 설 자리를 박탈하고, 현실적이고 공리적인 대안으로서 변증법적 타협을 너무 쉽게 결론짓는다는 데에 있다. 니버가 합리적 도덕의 공리주의적 경향성을 앞서 지적했지만, 그 역시 이러한 오류에서 벗어나지 못한 것이다. 다시 말해, 정치의 장에서 변증법적 타협으로의 압박은 '개인 도덕'(종교 도덕)의 자리를 너무 쉽게 박탈함으로써 결과적으로 그것과 대치를 이루는 '정치 도덕'의 자리 역시 집단의 이기적 욕망에 의해 쉽게 전복되게 만든다는 사실이다. 이 경우 누군가에게 정의는 지연되고 불의가 지속되는 결과가 초래된다. 서론에서 언급했던 「출입국관리법」의 졸속 개정이 바로 그러한 예이다.

기독교 현실주의 속에 나타나는 이상과 현실 사이의 성급한 변증법적 타협의 압박에서 어떻게 벗어날 수 있을까? 그 둘의 타협 불가능성을 '탈변증법적인 이중 소명'이라는 개념으로 생각해 볼 수 있을 것이다. 이를 위해 이상적인 도덕과 현실적인 정치 사이의 관계를 쉽게 중재하거나 타협하지 않고, 그 둘을 무한한 모순과 긴장, 파열 관계 안에서 설명하고자 했던 현대 철학자 자크 데리다(Jaque Derrida)의 '환대 이론'이 도움이 될 수 있다.

포스트모더니즘의 선두 주자인 자크 데리다는 20세기 후반 유럽의 경제가 침체에 접어들면서 두드러진 이주자 문제를 『환대에 대하여』라는 저서에서 주로 소포클레스 비극의 주인공인 오이디푸스의 떠돌이 삶에 빗대어 설명한다. 오이디푸스는 신체적으로는 눈이 보이지 않는 장애인이자, 도덕적으로는 아버지를 죽이고 어머니와 자식까지 낳은 근친상간자로서 국가와 국가의 경계를 떠도는 '위험스럽고, 용납하기 어려운' 이방인(xenos)이다. 당연히 오이디푸스에게는 어느 국가에서도 '환대받을 권리'가 없다. 환대받을 권리가 한 국가가 '법적으로' 부여하는 '권리'라는 면에서,

코린토스와 테베 중 어느 곳의 국적도 갖지 못한 떠돌이 오이디푸스에게 환대를 법적으로 보장받을 권리란 존재하지 않는다. 그러한 법적 환대는 '선주민'으로서의 시민들이 자기 집과 국가의 영토에 대한 지상권을 먼저 차지하고 있다는 전제 아래서만, 선택적으로 구별된 소수의 이방인에게만 허용될 뿐이다. 그는 이러한 환대가 배제와 폭력을 사용할 때만 행사될 수 있다고 했는데,[40] 이는 공항이나 항구의 삼엄한 입국심사 절차나 각 국가의 출입국관리소가 행사하는 강제적 물리력을 상상하면 이해하기 쉽다. 이러한 관점에서 데리다는 법적 환대를 이방인의 자격을 따지는 '조건적 환대' 혹은 '관용'이라고 부르며, 이러한 법적 환대는 '환대의 법들'(les lois - 복수형 소문자로 표기)로 실행된다고 본다.

그러나 데리다는 우리에게 다른 환대의 가능성이 존재함을 일깨운다. 일상에서 우리는 어떠한 법적 자격과 권리도 없는 자의 도래 앞에 이상하게도 그를 '조건 없이 대접하라'는 의무를 느끼게 되는 경우를 맞이하기도 한다. 그는 이러한 의무를 '환대의 정언명령'이라고 부르며, 이 명령은 우리 사회가 가지고 있는 법적 환대를 포함한 환대의 모든 관습적 법(les lois)을 위반하라고 명령하기도 한다고 주장한다.[41] 그는 이러한 환대를 '조건적 환대'(hospitalité conditionnelle)나 '관용'(tolérance)과 완전히 구별된 '무조건적 환대'(hospitalité inconditionnelle)라고 부른다. 나아가 절대적 명령으로서의 환대 정언명령을一인간 사회에서 발생한 모든 법적이고

---

40 자크 데리다/남수인 옮김, 『환대에 대하여』(동문선, 2004), 90.
41 *Ibid.*, 104.

관습적인 '환대의 법들'(les lois)과 구별하여― '환대의 법'(la Loi – 단수형 대문자로 표기)이라 칭한다.

'환대 대 관용', '무조건적 환대 대 조건적 환대', '환대의 법 대 환대의 법들'로 나눠지는 대립 항은 니버의 도덕론적 이원론이 구별했던 '개인 도덕 대 정치 도덕' 혹은 '이상 대 현실'에 각각 상응한다고 할 수 있다. 그러나 니버와 데리다의 결정적 차이는 전자가 두 항의 대립을 변증법적 타협을 꾀하면서 사회의 점진적인 발전을 내다보았던 것에 비해, 후자는 두 항을 아포리아 혹은 이율배반의 상태로 계속해서 남겨둔다는 점이다. 더 나아가 데리다는 '무조건적 환대를 명령하는 환대의 법'과 '조건적 환대만을 허용하는 환대의 법들'의 관계를 단순히 타협될 수 없는 대립 항으로 인정하지 않고, 오히려 두 항 사이에 서열이 존재한다고 명확하게 지적한다.[42] 그는 정언명령으로서의 환대의 법(la Loi)이 사회의 모든 법적이고 관습적인 환대의 법들(les lois) 위에서, 그 법들을 위법적인 것으로 고발하고 침입한다고 주장한다.

니버의 관점에서, 인종차별 금지에 관한 현실적인 법들이 만들어질 때 순수하고 이상적인 개인 도덕(종교 도덕)은 그 순수함에서 나오는 위험성으로 인해 정치의 장에서 배제되거나 제한받을 수밖에 없는 것이었다. 그래서 현실적인 법들은 늘 타협의 주도권을 쥔 주류 집단의 이익을 여전히 더 보호하는 차원에서 입법될 수밖에 없다. 그러나 데리다의 관점에

---

42 *Ibid.*, 106.

서, 이방인을 무조건적으로 환대하라는 환대의 법은 정치의 장에서 배제되어서는 안 되는 것이다. "무조건적 환대는 법적이지도 정치적이지도 않지만, 그럼에도 불구하고 정치적인 것과 법적인 것의 조건"이기 때문이다.[43] 니버의 용어로 바꾸어 설명하자면, 데리다는 개인의 이상적인 도덕이 그 자체로 사회 구성원이라면 누구나 의무로 따라야 하는 법적인 강제 규범이 될 수는 없지만, 적어도 정치적인 장에서 그러한 법들이 만들어질 때 그 법들 안에 숨겨진 배제와 차별적 선택을 고발하는 근원적 기준으로서 작동해야 한다고 본 것이다. 이는 정치적 장에서 개인 도덕의 순수한 외침이 제거될 때, 그 사회는 주류 집단의 이기주의를 정당화하는 차별의 법들, 즉 퇴행적 법들로 넘쳐나게 될 것이기 때문이다.

그러한 의미에서 '무조건적 환대의 법'은, 이방인을 허용하면서도 통제하고, 포용하면서도 배제하는 '환대의 법들'의 위선을 끊임없이 고발하고 해체하며, 더 나은 법들을 만들어내라는 무언의 압박이 된다. 이러한 관점에서 무조건적 환대와 조건적 환대는 '변증법적인 타협'의 궤도에 놓여있기보다, 무조건적 환대에 의한 조건적 환대의 무한 해체 과정에 있다고 해야 할 것이다. 이 두 항은 탈변증법적인 관계로서 전자에 의한 후자의 무한한 해체 촉발이라고 할 수 있기에, 해체는 당연히 순수한 이상적 환대가 본질적으로 내포하고 있는 위험성의 실현이다. 니버에게 순수한 이상(종교 도덕)의 위험성은 이상을 현실 정치의 장에서 배제해야

---

43 지오반나 보라도리/손철성·김은주·김준성 옮김, 『테러 시대의 철학: 하버마스, 데리다와의 대화』(문학과지성사, 2004), 235.

하는 원인이 되지만, 데리다에게는 그 위험성이야말로 이상이 정치의 장에 끊임없이 뚫고 들어와야 하는 이유가 된다.

그렇다면 이상과 현실의 관계를 탈변증법적인 관계로 새롭게 인식하는 것이 한국적 인종주의에 맞서고자 하는 기독교인들에게 어떠한 유익이 될 수 있을까? 이 글은 이에 답하기 위해 기독교인들의 정치적 소명을 기독교 현실주의의 변증법적 타협으로 단일화하지 않고 이중적 소명으로 설명함으로써, 정치의 장에서 인종주의에 맞서는 기독교인의 정치 활동 가능성을 확장하고자 한다.

이중 소명(dual calling)이란 우선 외적으로 '기독교인 직업 정치인'과 '기독교 시민들'의 상이한 소명 의식을 의미한다. 기독교인 직업 정치인은 니버가 설명하는 기독교 현실주의자처럼 정치의 장에서 다양한 집단들의 이기주의를 중재하며 실질적으로 가능한 타협을 만드는 자라고 할 수 있다. 물론 현재의 기준보다 더 나은 타협을 만들도록 노력하는 것이 기독교인 직업 정치인의 의무이다. 그러나 '기독교 시민들'은 정치적 장에서 직업 정치인이 더 나은 타협을 만들 수 있도록 하는 뒷배로서 종교 도덕의 이상적 기준을 가장 우선적으로 고려하는 자들이 되어야 한다. 데리다식으로 말하자면, 기독교 시민들은 더 안전하고 더 나은 삶을 찾아 우리 땅에 들어온 이방인들에게 무조건적 환대의 순수한 마음을 품고 정치의 장에서 꿋꿋이 버텨줘야 한다. 기독교 시민들은 하나님 나라와 인간의 나라에 모두 속한 이중 국적자로서, '대한민국 국적'을 갖지 못한 채 이 땅에 체류하는 이들의 어려움에 대한 공감과 연대의 주체가 될 책임이 있기 때문이다.

그러나 기독교 시민들의 무조건적 환대의 소명 의식은 니버가 말했던 '개인 도덕'과는 완전히 같은 것은 아니다. 그에게 개인의 종교 도덕은 자신의 비이기성을 극복하고자 하는 이성적 존재자 인간 내면의 울림으로서 칸트의 도덕법과 유사하다고 할 수 있다. 그러나 낯선 이방인의 도래 앞에 기독교 시민들이 품게 되는 무조건적 환대의 소명 의식은 인간의 보편적 죄성과 인종주의의 왜곡된 시선을 단박에 뚫고 오는 하나님의 절대적이고 살아있는 명령이다(출 22:21, 레19:10, 민 35:15, 레 25:6-7). 그래서 때때로 이 명령은 아모스를 비롯한 구약성서의 예언자들처럼 자기 삶의 기반마저 내어놓게 하는 위험한 계시일 수 있다. 이는 유대 철학자 엠마누엘 레비나스(Emmanuel Levinas)가 말했던 타자의 얼굴에 계시 되는 '초월의 무한 명령'이거나, 종교 철학자 장-뤽 마리옹(Jean-Luc Marion)이 말하는 '포화된 현상'으로서 "내 인식 범주를 초과하고, 내가 이전에 보지 못한 것을 보게 이끎으로써 새로운 어떤 것을 받아들이게 하고 이에 반응하게 하는 진리가 나에게 일어나게" 하는[44] 기적을 만든다.

그러나 예언자들은 자신이 받은 하나님의 명령을 개인 차원에서 이행하는 데 머물지 않았다. 그들은 왕궁에 들어가 군인에 둘러싸여 있는 왕 앞에서 외치거나, 생존 자체에 매몰되어 있는 이스라엘 민족 앞에 외쳐야 했다. 즉, 그들이 받은 명령은 정치의 장에 전달되고 실효성을 갖도록 하는 데에 목적이 있었다. 니버에게 기독교인 시민들의 이상적 소명은

---

44 김동규, 『장 뤽 마리옹』 (커뮤니케이션북스, 2025), 134.

정치의 장에서 배제되어야 했지만, 탈변증법적 이중 소명(post-dialectical dual calling)의 관점에서 그들의 이상적 소명은 기독교인 정치인의 현실적 타협을 감시하고 이끄는 근본적 조건이 된다. 심지어 그 타협이 불만족스러울 때 고발하거나 해체하는 더 높은 서열의 소명이라 할 수 있다. 이에 따라 기독교 시민들의 이상적 소명은 기독교인 정치인의 현실적 소명과 쉽게 변증법적 타협으로 수렴되지 않고, 절대적 긴장 관계를 유지한다.

이러한 긴장 덕분에 기독교 시민들은 정치의 장에서 「출입국관리법 일부개정법」과 같은 낮은 수준의 현실적 타협이 일어난 후에도 계속해서 이 타협의 미진함에 대해 또다시 비판하고, 더 나은 법과 제도를 조속히 만들어내라고 강력하게 요청을 이어갈 수 있다. 지연되는 정의를 참을 수 없으며, 계속되는 불의를 놔둘 수 없기 때문이다. 이주민의 삶을 당장 옥죄는 고통 앞에, 변화란 점진적인 것이라 외치는 선주민의 여유는 '죄'가 아닌 말로 표현하기 어렵다.

그러나 이상과 현실의 탈변증법적 이중 소명은 기독교인 개인의 내면에도 겹을 이루어 작동해야 한다. 즉, 기독교인 직업 정치인의 소명은 기독교 시민들의 소명과 달리 현실적인 타협안을 정치의 장에서 만드는 것이 분명하지만, 자기 내면 안에 이상과 현실, 하나님의 명령과 인간 현실의 아포리아를 또다시 작동시켜 현실주의의 안일함을 경계해야 한다. 그렇지 않으면 콘이 니버를 비판했던 것처럼, '외국인·이주자'의 입장에 서는 것에 실패하고, 단지 그들의 주변만 맴돌며 고통을 방치할 위험이 크다. '이상 대 현실', '하나님의 명령 대 인간의 현실'의 탈변증법적 이중 소명 앞에 자신의 현실적 선택을 끊임없이 괴로워하지 않는 직업 정치인은 그가 아무리 교회 예배에 참석하여 머리를 조아린다고 해도 결국 '선주민-국민'의 집단 이기주의를 견고하게 합법화함으로써 자신의 권력을 지속시키는 자에 불과하다. 철저하게 인간 나라의 권력자이거나 아부자일 뿐이다.

IV. 결론

대한민국에는 어떤 이가 가난한 나라에서 시집왔다는 이유로, E-9 비자를 갖고 있다는 이유로,[45] 무슬림이라는 이유로, 공산주의 나라에서 왔다는 이유로 그리고 결정적으로 대한민국 국적을 갖지 않았다는 이유로 임금이나 거주 환경, 자녀 출산과 양육, 의료, 종교 생활 등의 삶의 기본적 조건에 있어 제한받는 것이 당연하다고 생각하는 선주민-국민들이 너무 많다. 인종주의는 '그것은 당연한 것이다'라는 그들의 확신이 흔들리지 않도록 차별에 대한 혈통적이고 도덕적이며 종교적이면서도 법적인, 하나의 통전적인 정당성을 단단하게 부여한다.

이러한 인종주의는 다수의 기독교인에게 "이방 나그네를 압제하지

---

[45] E-9비자는 단순기능인력으로 일하는 외국인 노동자 다수가 가지고 있는 비전문취업 사증으로서 주로 동남아 국가나 구소련연방 국가의 국민에게 한정되어 발급된다. 이 비자로 입국한 이들은 주로 한국인 노동자를 구할 수 없는 기피 업종에서 일한다. 이들은 「외국인고용법」에 의해서 표준근로계약서 작성, 최저임금과 퇴직금 보장을 받고 있지만 적지 않은 수가 임금체불을 비롯한 다양한 차별을 겪고 있다. 유승희, "비전문취업(E-9) 외국인근로자의 임금체불 문제와 정책 개선방안에 관한 연구," 「현대사회와 다문화」 12 (2022), 166.

말며 그들을 학대하지 말라"(출 22:21)라는 하나님의 명령조차 무력화시킬 정도로 은밀하고 막강하다. 인종주의는 성서가 말하는 '이방 나그네'를 마주하고도 우리의 눈을 어둡게 하고, 그를 마치 우리의 적으로 둔갑시켜 놓기 때문이다. 당연히 인종주의가 강하게 작동하는 대한민국에는 이주자 외국인의 인권과 복지와 관련하여 국회와 정부가―국제 사회의 압박이나 헌법재판소의 권고나 결정에도 불구하고― 국제인권협약이나 국제아동권리협약에 부합하는 법과 제도를 만드는 일이 기독교 신앙과 무관하다고 생각하는 그리스도인이 너무 많다.

그러나 여전히 이방인을 압제하지 말라는 명령을 자신의 책임으로 듣는 소수의 그리스도인이 남아있다. 실현될 수 없는 이상일 뿐이라고 치부하는 다수의 사람과 달리, 이방인들과 더불어 사는 삶에서 가치를 느끼는 이들이 남아있다. 그러나 한 이방인을 압제로부터 해방시키기 위해서는 그와 사적인 우정을 깊이 쌓아 나가는 데에 정성을 쏟는 것만으로는 부족하다. 콘이 니버에게 던지는 질문은 복잡하지 않았다. 흑인들이 학교나 버스에서 분리되는 모욕을 당할 때, 린치 나무에 매달리는 테러를 당할 때, 목사이자 신학자인 당신은 기독교인으로서 무엇을 하고 있었냐는 것이다.

인종주의 사회에서 이주민은 늘 압제와 학대에 내몰린다. 이 죄악이 근절되기 위해서는 사회의 구조를 바꾸는 정치의 역할을 무시할 수 없다. 이방인을 환대하라는 하나님 명령(출 22:21)은 하나님 나라에만 거하는 영적인 존재들에게는 불필요한 명령이다. 그 명령은 집단 이기주의로 부자와 가난한 자를 나누고, 선주민과 이주민을 나누는 인간의 나라에 아직은 임시적으로 거주하고 있는 하나님 나라의 시민들에게 특별히 내려진 임무이다. 하나님 나라와 인간의 나라에 모두 속한 이중 국적자들은 어설픈 '합리적 중도'의 삶에 만족할 수 없다. 하나님 나라의 명령을 현실에서 순전히 지켜낼 수 없다고 해도, 현실의 '어쩔 수 없음'에 탓하며 하나님 앞에 자신을 변호할 수 없다. 기독교인에게 현실은 손쉬운 변명의 근거가 아니라, 끝없는 고뇌의 장이다. 도전과 저항, 좌절과 고뇌 그리고 반복, 바로 그것이 탈변증법적 이중 소명을 지닌 자들이 지상에서 살아가는 유일한 존재 방식일 수밖에 없다.

3장

한국교회와 이슬람 혐오
—인종주의와 종교적 배타주의의 교차성

정경일

I. 여는 말: 교회의 위기와 '세 타자'

한국에서의 이슬람 혐오는 서양에서처럼 극단적, 물리적 폭력으로 표출되고 있지는 않다. 이는 무엇보다도 한국 내 무슬림 이주배경인구가 상대적으로 소수인 상황과 관련이 있다. 개인적, 집단적으로 무슬림과 접촉하는 것이 서양에서보다는 덜 빈번하므로 관계적 혐오와 갈등도 적은 것이다.

하지만 한국이 이슬람 혐오 부재 국가인 것은 아니다. 한국인은 근대 이후 서양의 백인 우월주의적 인종주의를 자발적으로 수용하고 내면화하여 비서양인·비백인을 열등하게 인식하고 차별하는 '한국적 인종주의'를 형성해 왔다. 이러한 한국식 인종주의에 따른 차별과 혐오 표적 중 하나가 종종 '아랍인'과 동일시되는 '무슬림'이다. 한국의 이주배경인구가 지속적으로 증가함에 따라 무슬림 인구도 늘어날 전망이고,[1] 이에 따라 무슬림과의 직접적 접촉 기회도 빈번해진다면 한국 사회에서도 유럽이나 미국에서처럼 이슬람 혐오가 본격적으로 확산될 가능성이 있다.

한국 사회의 이슬람 혐오를 촉발하거나 부추길 수 있는 또 한 가지 조건은 신자유주의가 초래한 극단적 불평등이다. 신자유주의가 강요하는

---

[1] '이주배경인구'란 "본인 또는 부모 중 적어도 한 명이 출생 시 또는 현재 외국 국적인 사람, 내국인(귀화), 내국인(이민자 2세), 외국인의 합으로 산출"한 집단이다. 최근 통계청 발표에 따르면, 한국 사회의 총인구 중 이주배경인구는 2022년 220만 명(총인구 중 4.3%)에서 2042년 404만 명(8.1%)으로 증가할 전망이다. 통계청, 『2022년 기준 장래인구추계를 반영한 내·외국인 인구추계: 2022~2042년』, 3.

삶의 원리인 무한경쟁과 각자도생 과정에서 실패한 대중의 좌절과 분노는 사회 안팎의 '타자'에게 전가된다. 희생양을 지목해 차별하고 혐오하고 배제하는 것이다. 이런 신자유주의적 삶의 조건이 근본적으로 변화되지 않는 상태에서, 경제적 동기로 한국에 오는 무슬림 인구가 증가한다면 한국에서도 이슬람 혐오와 폭력이 파괴적으로 나타날 수 있다.

이러한 이슬람 혐오의 사회, 경제적 조건과 함께 또 한 가지 중요한 것은 한국 보수 개신교의 타자 혐오다. 한국 개신교 교회는 이슬람 혐오의 주요 행위자 중 하나다. 21세기 들어 교세 감소, 교인 이탈, 교회의 사회적 신뢰 추락 등 복합적 위기에 빠진 한국 개신교 교회는 외부의 세 타자를 지목하여 적대함으로써 내부의 위기를 해결하려 한다. '공산주의자', '동성애자', '무슬림'이 그들이다. 시기와 상황에 따라 강조점이 달라지기는 하지만, 공산주의 혐오(redphobia), 동성애 혐오(homophobia), 이슬람 혐오(Islamophobia)는 한국교회의 위기 탈출을 위한 타자화 전략의 전형이다.

이 글은 한국 개신교 교회에서 나타나고 있는 이슬람 혐오를 '인종주의'(racism)와 '종교적 배타주의'(religious exclusivism)의 교차성에 초점을 두고 비판적으로 분석한다. 이를 위해, 첫째, 서양을 비롯해 세계 도처에서 전개되고 있는 이슬람 혐오와 그것의 인종주의적 성격을 간략히 살펴본다. 둘째, 한국 사회에서도 나타나고 있는 이슬람 혐오와 인종주의적 편견의 상관성을 고찰한다. 셋째, 인종주의와 종교적 배타주의의 교차성을 보이는 이슬람 혐오가 한국교회에서 어떻게 나타나고 있는지를 분석한다. 넷째, 이슬람 혐오를 극복할 수 있는 그리스도교 전통의 대안 담론으로 '환대의 신학'을 제시한다.

II. 서양과 서양 너머의 이슬람 혐오

많은 학자는 '이슬람 혐오'(Islamophobia)라는 용어가 서양 사회에서 본격적으로 거론된 기점을 1997년 11월 영국 러니미드 트러스트(Runnymede Trust)에서 『이슬람 혐오: 우리 모두에 대한 도전』(*Islamophobia: A Challenge for Us All*)이라는 보고서를 낸 때로 본다.2 하지만 이슬람 혐오는 서양 그리스도교 세계에서는 매우 오래된 현상이다. '이슬람 혐오'라는 단어 자체도 1920년대 프랑스에서 'islamophobie'로 처음 등장했고, 실제 혐오와 차별의 역사는 근대 이전으로 더 거슬러 올라간다. 아무튼, 러니미드 트러스트의 위 보고서는 이슬람 혐오를 다음과 같이 정의한다.

> 이슬람 혐오란 이슬람에 대한 근거 없는 적대감을 의미한다. 이는 또한 그러한 적대감이 무슬림 개인과 공동체에 대한 불공정한 차별 그리고 무슬림을 주류 정치 및 사회 활동에서 배제하는 실질적 결과로 이어지는 것을 의미한다.3

여기서 중요한 것은 '포비아'(phobia)라는 용어에는 '두려움'(fear)과 '혐오'(hatred)라는 이중적 의미가 내포되어 있다는 사실이다. 우선 이슬람

---

2 The Runnymede Trust, *Islamophobia: A Challenge For Us All* (London: The Runnymede Trust, 1997).
3 같은 글, 4.

에 대한 두려움은 7세기에 아라비아반도에서 발흥한 이슬람이 놀라울 정도로 성공적인 군사적 정복을 통해 '선교적 종교'로서의 속성을 발휘한 역사적 경험과 관련이 있다. 예언자 무함마드 사후, 정통 칼리파 시대, 우마이야 왕조 등을 거쳐 중세와 근대의 오스만 제국에 이르기까지, 이슬람의 지정학적 팽창은 신속하고 광범위하게 전개되면서 유럽을 위협했고, 그리스도인들을 공포에 빠트렸다. 그 결과 그리스도교 세계에는 묵시론적 공포가 확산되어, 8세기 후반 위(僞) 메소디우스(Pseudo-Methodius)는 이슬람의 그리스도교 영토 침략을 타락한 그리스도인의 죄와 불법에 대한 하느님의 징벌로 해석했다.[4]

근대 들어 서양 식민 국가들이 이슬람 세계를 침략하고 분할 지배함에 따라, 이슬람은 더 이상 두려움의 대상이 아니라 열등하고 후진적이며 야만적인 존재로 비하되고 무시되었다. 그러나 1970년대 오일 쇼크 이후 중동 지역 산유국들의 국제 사회 내 목소리와 영향력이 커졌고, 1979년 이란혁명의 성공과 그에 뒤이은 미국인 인질 사태가 발생하면서, 이슬람에 대한 적대감과 혐오가 서양 사회에 급격히 고조되었다. 이러한 이슬람 혐오의 불길에 기름을 부은 결정적 사건이 2001년 9·11 테러다. 이후 서양 미디어는 이슬람과 테러리즘을 연관지어 재현함으로써, 모든 무슬림을 잠재적 테러리스트로 의심하는 구조적 이슬람 혐오를 조장하고 확산시켰다. 일찍이 에드워드 사이드는 서양 미디어와 전문가들이 이슬람을

---

4 Benjamin Garstad, ed. and trans., *Apocalypse of Pseudo-Methodius: An Alexandrian World Chronicle* (Cambridge, Mass.: Harvard University Press, 2012), 39.

'다루는' 방식을 심도 있게 분석하면서, "많은 경우 '이슬람'이라는 이름은 명백한 부정확성뿐만 아니라 억제되지 않은 민족중심주의, 문화적 심지어 인종적 혐오, 깊으면서도 역설적으로 표류하는 적대감의 표현까지도 허용해 왔다"고 비판한다.5

이러한 이슬람 혐오를 더욱 악화시키고 있는 것이 최근 전 지구적으로 부상하고 있는 극우주의다. 신자유주의적 세계화 과정에서 좌절한 대중의 분노를 이용하여 세력을 형성한 극우 정치 집단은 자국중심주의 또는 민족주의의 기치 아래 반세계화 운동을 벌이고 있다. 이 과정에서 외국인 차별과 혐오를 조장하고 이민 제한 등을 의제화한다. 유럽과 미국에서 전개되고 있는 외국인 혐오의 가장 가시적이고 직접적 대상은 무슬림이다. 중동 지역의 정치적, 경제적 불안전성 때문에 많은 이민 및 난민이 유럽으로 유입되면서 무슬림과의 생활 반경 내 접촉 기회가 많아졌기 때문이다. 파리드 하페즈는 지난 수십 년 동안 서유럽 다수 국가에서 극우 정치 집단이 인종주의 담론을 동원하며 세력을 형성해 왔고, 그들의 '초국적 유대'를 강화하는 공통 기반이 이슬람 혐오였다고 분석한다.6 이러한 이슬람 혐오는 무슬림에 대한 사적 공격과 테러에서부터 언론 미디어와 문화산업을 통한 왜곡과 비난, 정부 차원의 법적 · 제도적 억압, 군사적 제재에 이르기까지 광범위하고 복합적이다.

---

5 Edward Said, *Covering Islam: How the Media and the Experts Determine How We See the Rest of the World* (New York: Vintage Books. 1997), xi.

6 Farid Hafez, "Shifting Borders: Islamophobia as Common Ground for Building Pan-European Right-wing Unity," in *Patterns of Prejudice*, Vol. 48, No. 4 (2014).

현대의 이슬람 혐오는 더 이상 '서양'과 '그리스도교'의 현상이 아니라 '전 지구적'이고 '범종교적'이다. 인도에서는 힌두트바(Hindutva) 민족주의・근본주의를 표방한 인도인민당(BJP)이 아요디야 바브리 모스크를 파괴하는 등 무슬림을 차별하고 박해하고 있다. 미얀마에서는 이슬람 소수 민족인 로힝야족에 대한 인종청소적 학살을 선동했던 극우 불교 단체 미얀마애국자협회(Ma Ba Tha)가 군사 쿠데타로 집권한 민 아웅 흘라잉 장군을 지지하며 군사정권과 결탁하고 있다. 중국에서도 신장지구 위구르 무슬림의 종교적・문화적 자치권을 억압하며 강제 동화 정책을 펼치고 있다. 필리핀에서도 민다나오 유혈 분쟁이 수십 년째 지속되는 가운데 이슬람 혐오가 위력을 떨치고 있고, 태국 남부에서도 무슬림 차별 및 강제 동화 정책에 대한 반발로 이슬람 분리주의 운동이 계속되고 있다. 한국도 예외가 아니어서, 최근 예멘 난민 반대, 대구 북구 대현동 모스크 반대 등에서 이슬람 혐오가 나타나고 있다.

여기서 우리가 주목해야 할 한 가지는 세계적 현상인 이슬람 혐오는 종교의 이름인 '이슬람'을 포함하면서도, 인종주의적 성격을 띤다는 점이다. 가장 일반적으로는 이슬람 혐오는 아랍인 혐오(Arabophobia)라는 노골적 인종주의 양상을 띤다. 이는 모든 아랍인이 무슬림은 아니라는 점에서 왜곡된 논리다. 실제로 레바논, 시리아, 이집트, 팔레스타인 등에는 그리스도인이 역사적으로 존재해 왔다. 게다가 이슬람은 아랍인만의 종교가 아니라 명실상부한 세계 종교다. 이슬람이 중심 종교인 국가 중 무슬림 인구가 가장 많은 나라도 중동의 사우디아라비아나 이집트나 이라크 등 아랍 국가들이 아니라 동남아시아의 섬나라 인도네시아다. 무슬림 인구가 약 98.8%인 신정 통치적 이슬람 국가 이란도 아랍계가 아니라 페르시아계다. 그런데도 오늘날의 이슬람 혐오는 이슬람을 아랍 또는 중동의 종교로 단순화하고, 아랍계의 인종적 피부색과 용모, 또는 터번이나 히잡 같은 의복 등 외적 특성을 근거로 무슬림을 특정하고 차별한다. 9·11 테러 이후 첫 이슬람 혐오 관련 폭력의 피해자가 인도 출신의 시크교도 발비르 싱 소디(Balbir Singh Sodhi)였던 것은 이슬람 혐오의 인종주의적 성격을 보여주는 비극적 사례다.

더 중요한 것은, 이슬람 혐오가 "공통된 '종교'[이슬람]를 소속의 결정적 요소로 성격 짓는" 것을 통해 이슬람과 무슬림을 '인종화'(racialization)한다는 것이다.7 즉, 이슬람 혐오에는 전통적인 인종주의적 편견만이 아니라 종교적, 문화적 편견과 배타성도 작용한다는 것이다. 이는 역설적으로 극우 집단의 이슬람 혐오가 현대 세계에서는 과거의 악행으로 인식되는 전통적 의미의 인종주의와 무관한 것처럼 보이게 한다. 하페즈는 이슬람에 대한 집중적 공격을 통해 극우주의자들은 "스스로를 인종차별주의자나 반유대주의자로 여기지 않으며, 나치 과거와 연관이 없고, '이슬람'에 대한 언론 보도에서 지배적 존재감을 보이는 '급진적 이슬람'(radical Islam)의 인식된 '위협'을 우려하는 유권자들에게 호소할 수 있게 된다"고 한다.8 자신들의 이슬람 혐오 또는 무슬림 혐오가 자신들이 인종주의자이기 때문이 아니라, 이슬람 자체가 폭력적이고 야만적이기 때문이라고 믿게

---

7 같은 글, 481.
8 같은 글, 483.

한다는 것이다. 이는 오늘의 이슬람 혐오에 인종주의와 종교적·문화적 배타주의가 교차하고 있음을 보여준다.

러니미드 트러스트 보고서가 분석한 것처럼 이슬람 혐오에는 무슬림에 대한 서양인 또는 그리스도인의 '근거 없는 적대감'과 비합리적인 공포가 들어있지만, 공포의 강도로 본다면 서양 사회에서 소수자인 무슬림들이 이슬람 혐오에 대해 느끼는 공포가 훨씬 더 크고 치명적일 것이다. 에드워드 사이드가 "이슬람 세계는 8억 명이 넘는 인구, 주로 아프리카와 아시아에 걸쳐 수백만 평방마일에 달하는 영토, 수십 개의 사회·국가·역사·지리·문화를 포괄한다"고 강조한 대로,9 무슬림은 단일한 존재로 규정될 수 없다. 그런데도 무슬림은 '이슬람'이라는 '나쁜 종교'를 가진 위험한 존재로 '인종화'된다. 한 젊은 무슬림 여성은 쿼브라 귀뮈사이에게 다음과 같은 편지를 보냈다.

> 사람들은 저를 사람으로 보려고 하지 않아요. 그들은 저를 하나의 종교, 가까이 다가갈 수 없는 존재라고 생각해요. 그래서 속상해요. 저는 어떻게 해야 할지 모르겠어요.10

귀뮈사이는 "우리가 무슬림 여성에 관한 질문에 더 이상 대답하지

---

9 Said, 같은 책, x.
10 쿼브라 귀뮈사이/강영옥 옮김, 『언어와 존재: 언어는 어떻게 우리의 생각을 만들고 처세와 정치를 결정하는가』 (샤프, 2023) [전자책].

않아도 될 때, 우리가 모순적이고 다양한 특성을 갖고 이해받지 않아도 될 때, 비로소 우리는 인간답고 자유로울 수 있다"[11]고 한다. 우리 시대의 이슬람 혐오는 타자의 출신과 외모만이 아니라 종교와 문화를 이유로 열등하고 위험하고 혐오스러운 존재로 인종화하며 인간의 자유를 파괴하는 '인종 없는 인종주의'다.

III. 한국 사회의 인종주의적 이슬람 혐오

한국과 아랍 세계의 교류는 일찍이 통일신라 시대인 9세기 초부터 시작되었다. 그러나 한국과 아랍 국가 간 공식 외교 관계 및 민간 교류가 본격적으로 시작된 것은 지난 세기 1960년대 이후부터다. 특히 1970년대 중동 건설 붐으로 한국인 노동자가 아랍 나라들로 대규모 파견되면서, 아랍 세계와 사람들의 존재가 한국인의 경험과 인식 지평 안으로 뚜렷이 들어오게 되었다. 이때까지만 해도 아랍인 또는 무슬림에 대한 인종주의적 차별과 혐오가 심각하게 발생하지 않았다. 중동 산유 부국으로 일하러 간 한국인 이주노동자들은 가난한 나라에서 온 소수자 처지였고, 아랍인들은 다수자이면서 고용인 위치여서, 한국인 편에서 아랍인에 대한 인종 차별이 생겨나기 어려웠을 것이다.

---

11 같은 책.

물론 구한말부터 한국인은 서양 백인의 인종주의를 무비판적으로 수용해 비서양인, 비백인을 열등하게 보는 인종주의를 내면화했다. 특히 한국인은 자신들은 백인보다는 열등하지만 흑인이나 다른 아시아인보다는 우월하다고 믿는 위계적 인종주의를 갖고 있어서, 아프리카, 중동, 동·서남아시아 사람들을 무시하고 차별하는 행태를 보여왔다. 이를 정치학자 정회옥은 피부색을 기본으로 하고, 민족, 계급, 종교, 문화와 같은 다양한 요소가 복합적으로 작용하는 '한국식 인종주의'라고 정의한다.[12] 그럼에도 앞에서 언급한 것처럼, 무슬림과의 직접적, 일상적 접촉이 많지 않았기 때문에 1970년대까지는 한국 사회에서 아랍인과 무슬림에 대한 인종주의적 차별과 혐오가 심각한 사회문제로 부각되지는 않았다.

인종주의적 아랍인 혐오 또는 무슬림 혐오의 조짐이 한국 사회에 나타난 때는 1979년 이란혁명과 1980년대 이후 중동 분쟁 과정에서 서양 미디어의 이슬람 왜곡에 영향을 받으면서부터이다. 9·11 테러는 아랍인과 무슬림에 대한 부정적 고정관념을 전 세계적으로 확산한 결정적 사건이었다. 한편, 1990년대 이후 세계화 과정에서 인도, 파키스탄, 방글라데시 등 서남아시아에서 무슬림들이 들어오면서, 국내에서도 종교적, 계급적, 문화적 이유로 인종주의적 무슬림 차별과 혐오가 본격화되기 시작했다. 이슬람 혐오가 사회적으로 가장 격렬하게 돌출한 사건은 2018년 제주도 예멘 난민 반대 사태였다. 2017년 12월부터 2018년 5월까지 제주공항을

---

[12] 정회옥, 『한 번은 불러보았다: 짱깨부터 똥남아까지, 근현대 한국인의 인종차별과 멸칭의 역사』 (서울: 지혜의 집, 2022), 14.

통해 들어온 예멘인 5백여 명이 난민 지위 신청을 하면서 사회적 논란과 반대가 크게 일었다. 당시 청와대 국민 청원에 "제주도 불법 난민 신청 문제에 따른 난민법, 무사증 입국, 난민 신청 허가 폐지/개헌 청원합니다"라는 제목의 청원에 최종적으로 71만 4,875명이 참여해, 당시까지의 국민청원 중 최다 참가자 수를 기록했다. 이 과정에서 예멘 난민을 '가짜 난민', '테러리스트', '잠재적 강간범' 등으로 규정하는 인종주의적 혐오 발언들이 한국 사회 전반에 퍼졌다. 또한 일부 근본주의 그리스도교 집단을 중심으로 "이슬람이 퍼지지 않도록 절대 육지에 발 못 붙이게 해야 한다", "예멘 사람들은 난민이 아니라 극우 이슬람일 뿐"이라는 등 종교적 성격의 반대 움직임도 일어났다. 2021년, 한국 정부에 협력한 아프가니스탄인 380명이 '특별 기여자' 신분으로 입국했을 때도 비슷한 논란과 반발이 있었다.

또 한 가지 주목해야 할 최근의 이슬람 혐오는 2021년 발생한 대구시 북구 대현동의 모스크 건립 반대 사태다. 2012년부터 경북대의 무슬림 유학생들이 그 동네 단독주택을 빌려 기도실로 사용하다가 인원이 불어나자, 2020년경 모스크를 건립하기로 하고, 북구청에 건축 허가를 신청하여 허가를 받은 후 공사를 시작했다. 그런데 2021년 2월, 준공 1개월을 앞두고 인근 주민이 항의하며 분쟁이 시작되었다. 그전에는 선주민과 무슬림 유학생 사이의 관계가 우호적이었는데, 모스크라는 '가시적' 공간이 생긴다고 하자 주민 반발이 거세게 일어난 것이다. 이후 모스크 건축 반대 과정에서 선주민들은 폭력적이고 자극적인 현수막을 게시했다.

"Muslims who kill people brutally and behead them get out of this area right now. Terrorists!!"(사람을 잔혹하게 살해하고 참수하는 무슬림들은 당장 이 지역에서 나가라. 테러리스트들!!)

모든 이슬람은 테러리스트가 아니지만 모든 테러분자는 이슬람이다.

유럽의 사례처럼 무슬림 밀집 지역이 되어 치안 불안·슬럼화된다.

"우리의 생존권을 위해 이슬람 사원 건축을 반대해야 합니다." 꾸란에서 가르치는 이슬람의 13교리 중 사춘기 시작 안 한 여자아이들 강간, 결혼 그리고 이혼해도 된다(꾸란 65:4). 노예와 아내는 때려도 된다. 심지어는 제3자가 왜 때리는지 이유를 물어도 안 된다(꾸란 4:34)….

인종주의적 혐오 발언은 혐오 행동을 수반했다. 선주민들은 골목에 돼지머리를 가져다 전시했고, 돼지 수육과 국밥을 먹거나 통돼지 바비큐 파티를 여는 등 소란하게 이슬람 혐오 퍼포먼스를 했다. 사회학자 육주원과 이소훈은 이와 같은 일련의 행태는 단순한 주거지역 내 건축과 관련된 분쟁이나 님비(NYMBY) 현상이 아닌 '인종주의의 위장술'이라고 주장한다.[13] 그리고 선주민들의 탄원서에 사용된 '소음, 냄새, 무서움, 집단적 의식 행위', '생명 보장권, 행복추구권', '이슬람인들의 횡포', '슬럼화',

---

[13] 육주원·이소훈, "대구 북구 이슬람사원 갈등을 통해 본 인종주의의 위장술," 「아시아리뷰」 제12권 제1호 (2024).

'정서불안', '피폐화', '외국인(이슬람인들)의 거점지역', '이슬람문화권' 등의 표현이 이슬람 혐오의 양상을 보여준다고 주장한다.14

할랄 식품 관련 이슬람 혐오도 있다. 2015년 12월 17일, 전북기독교연합회와 익산시기독교연합회가 공동 주최한 '할랄 식품 반대 특별 기도회'에서는 "세계인의 치를 떨게 하는 이슬람 IS 테러로부터 우리나라를 지키자"라는 플래카드와 "웰빙으로 거짓 포장 테러 식품 반대한다!" 등 손 피켓이 등장했다. 이는 할랄 식품과 ISIL을 연결 지은 인종적 혐오의 전형적 사례였다. 할랄 식품 관련 이슬람 혐오는 다른 지역으로도 확산되어, 2016년 3월 19일, '이슬람[할랄·테러저지국민연합'이 주최한 집회의 현수막에는 다음과 같이 적혀 있었다.

> 할랄과 이슬람 문화·관광 단지 건립해줘서 유입하는 이슬람교도(무슬림)에 극단·극렬 (IS, 알카에다…) 조직이 섞여와 대한민국 풍비박산된다! No!"

이러한 할랄 식품 관련 이슬람 혐오 현상은 최근 대구 등에서도 계속되고 있다. 이러한 이슬람 혐오 시위로 인해 익산시는 결국 국가식품클러스터 내 할랄 단지 조성계획을 백지화시켰다.

인종주의는 피부색만이 아니라 특정한 유형, 성격, 성향 등에 대한

---

14 같은 글, 35.

고정관념과 편견을 통해 차별하고 혐오하는 것이다. 따라서 한국 사회에서도 인종주의적 이슬람 혐오가 확산되었다고 볼 수 있다. 물론 무슬림 이주민을 환대하는 한국인도 적지 않다. 예멘 난민들이 제주에 왔을 때도 일부 제주 선주민과 종교인은 그들을 환대하며 돌보았고, 앞서 언급한 대로 대구 북구 대현동에서도 모스크 건축 전까지는 선주민과 무슬림 유학생은 우호적 관계 속에 공존했다. 중요한 것은 일상속에서 무슬림의 존재가 자신들의 이해관계와 충돌하고 안전을 위협한다고 느낄 때 환대와 공존의 정신은 순식간에 무너진다는 사실이다. 이는 이슬람 혐오가 원래 객관적 인과관계나 합리적 추론이 아니라 러니미드 트러스트 문서가 강조한 것처럼 '근거 없는 적대감'에서 생기는 것이기 때문에 더 위험하다. 평화롭게 공존하던 사람들도 비합리적인 공포와 악의에 찬 선동에 넘어가면 순식간에 혐오 세력으로 돌변할 수 있는 것이 대중의 집단적 정동(affect)이다.

여기서 한 가지 더 비판적으로 성찰해야 할 것은 한국식 인종주의의 '계급적' 특징이다. 제주도에 온 이들이 가난하고 무력한 예멘 난민이 아니라 엄청난 재력과 권력을 가진 사우디아라비아나 아랍에미리트의 억만장자들이었다면 사태는 어떻게 달라졌을까? 분명한 것은 한국인이 '모든' 아랍인을 혐오하는 것은 아니라는 사실이다. 2014년 난데없이 아랍에미리트 부통령이자 석유 재벌인 만수르 빈 자예드 알나얀과 관련한 '만수르 열풍'이 불었던 것은 그의 재력에 대한 동경 때문이었다. 2023년 사우디아라비아의 무함마드 빈 살만 왕세자가 방한했을 때도 정·재계와 미디어는 물론 SNS에서도 '빈 살만 신드롬'이 일었다. 그 이유 역시 그가 추정 재산 약 2천8백조 원의 세계 최고 갑부였기 때문이었다. 세계적 갑부라면 그가 아랍인이든 무슬림이든 상관없이 동경과 선망의 대상이 된다. 한국식 인종주의의 '계급적' 속성이 피부색, 종교, 문화의 차이를 사소한 것으로 만들며 압도해 버리는 것이다.

'한국식' 인종주의와 결합된 이슬람 혐오는 한국인의 '자기부정'이다. 일본 군국주의의 식민 침략과 지배, 남북 분단과 동족상잔, 가난과 독재로 점철된 고통의 역사 속에서 차별받고 혐오당하고 심지어 죽임당하기까지 했던 이들이 한국인이기 때문이다. 그러므로 정치적, 경제적, 사회적으로 취약한 오늘의 외국인을 차별하고 혐오하는 것은 타자에 대한 부정이자, 과거 같은 처지에 있었던 한국인 자신에 대한 부정인 것이다.

IV. 한국 개신교 교회의 이슬람 혐오

앞의 논의를 요약하면, 이슬람 혐오에는 '인종주의적' 차원과 '종교적' 차원이 복합적으로 작용한다. 전자는 주로 '이슬람적' 요소를 '아랍인'의 인종적 특성과 단순히 동일시하는 경향으로 나타난다. 이는 아랍인 중에도 그리스도인 등 비무슬림이 있고, 모든 무슬림이 아랍인이 아니라는 기본적 사실을 간과한다. 반면 후자는 이슬람의 종교성 자체에 대한 반감과 혐오로 나타난다. 이슬람의 경전과 교리 자체가 폭력적이고 여성 억압적이라는 등의 종교적 편견과 고정관념이 이에 해당한다. 더 근본적으로는 이슬람에는 그 어떠한 진리도 구원도 없다는 종교적 배타주의에 따라 이슬람을 무익하고 무용하며, 심지어 사악한 종교로 인식하는 것이다. 이렇게 이슬람 혐오의 인종주의적 차원과 종교적 차원은 개념적으로는 서로 구분되지만, 실제로는 거의 동시에 작용한다.

한국 사회에서 종교적 차원의 이슬람 혐오를 조장하는 중심 집단은 개신교 교회다. 한국 개신교는 이슬람과 직접적으로 가장 먼저 충돌한 집단이다. 이런 충돌과 갈등은 주로 이슬람권 선교 및 개종 강요 과정에서 비롯되었다. 이슬람이 중심 종교인 대부분의 나라에서는 타 종교로의 개종을 허용하지 않는다. 즉, 사우디아라비아, 아프가니스탄, 파키스탄, 이집트, 이란, 몰디브 등은 개종 전도를 불법 행위로 규정해 금지한다. 그런 나라들에서 한국 개신교 집단이 공격적인 개종 선교를 강행하면서 크고 작은 갈등이 일어났다. 대표적으로 2007년, 아프가니스탄에서 선교 활동을 하려던 샘물교회 선교단 23인이 탈레반에 인질로 잡혀 44일간 억류되고 두 명이 살해된 비극적 사건이 있었다. 미국 교회 다음으로 해외 선교사를 많이 파송하는 한국교회로서는 한국의 다른 사회적 주체보다 먼저 이슬람과 불편한 관계에 놓였던 것이다.

하지만 한국교회가 이슬람 혐오의 중심이 된 직접적 원인은 해외 선교 활동보다는 국내의 사회적 맥락과 관련이 있다. 앞에서 언급한 익산시 할랄 식품 단지 반대 사태나 대구 대현동 모스크 건립 반대 사태와 같은 갈등은 표면적으로는 지역 선주민의 반발 형태로 나타났지만, 그 이면에는 근본주의 개신교 집단의 직·간접적 개입이 있었다. 여기에는 여러 복합적 원인이 있는데, 신학적 근본주의와 교세 위기를 주요 원인으로 볼 수 있다.

2024년 한국기독교사회문제연구원(이하 '기사연')이 개신교인과 비개신교인을 대상으로 실시한 사회 인식 조사에 따르면, 무슬림에 대한 호감도를 묻는 질문에 부정적 응답 비율은 개신교인 52.8%, 비개신교인 42.5%로 나타났다. 이는 개신교인이 비개신교인에 비해 이슬람에 대한 부정적 정서를 더 강하게 갖고 있음을 보여준다. 호감도가 '보통이다'는 응답(개신교인 28.5%, 비개신교인 40.5%)을 무슬림에 대한 문화적 수용 가능성을 보여주는 지표로 간주한다면, 그 차이는 더욱 두드러진다. 이는 매우 '개신교적' 현상이다. 왜냐하면 같은 '그리스도교' 전통에 속하는 천주교인 중 이슬람을 부정적으로 보는 이들의 비율은 개신교인보다 훨씬 적은 28.1%이기 때문이다.

기사연의 2025년 조사 및 연구에서는 "그리스도교는 이슬람과 신앙적으로 조화를 이루기 어렵다"는 의견에 대한 동의 정도를 물었는데, 개신교인 전체의 62.4%가 그렇다고 답했다. 그 이유로 가장 많은 응답자(61.8%)가 선택한 것은 "성서와 교회의 가르침에 맞지 않기 때문에"였다. 이는 한국 개신교인의 이슬람 혐오 또는 반이슬람 정서에는 종교적·신학적 동기가 강하게 작용하고 있음을 보여준다.

역사적으로 한국 개신교는 선교 초기부터 타 종교에 대한 배타적 태도를 유지해 왔다. 그것은 한국에 온 미국 개신교 선교사들이 한국교회에 근본주의 신학을 이식한 것과 관련이 있다. 한편으로는 다종교 사회에서 타 종교의 존재 가치를 부정하고 "예수 천당, 불신 지옥"식의 정복주의적 개종 선교에 열중한 것은 세계 교회사에서 유래가 없는 한국교회의 급성장을 가져온 한 원인이었다. 이 과정에서 세계적 규모의 초대형 교회들도 다수 출현했고, 2015년에는 개신교가 '한국 최대 종교'가 되기도 했다. 하지만 다른 한편으로는, 배타주의와 정복주의에 기초한 공격적 선교는 개신교에 대한 타 종교의 반감과 사회적 불신을 초래하기도 했다.

한국 개신교의 이슬람 혐오를 부추기는 보다 근본적인 요인은 '한국 최대 종교'라는 타이틀이 무색하게 개신교 교세가 눈에 띄게 약화되고 있는 현실이다. 실제로 2015년 통계청 인구주택총조사에서 개신교인은 전체 인구의 19.7%로 불교를 제치고 최대 종교로 집계되었지만, 같은 시기 개신교 주요 6개 교단(예장합동, 통합, 고신, 기장, 감리회, 기성) 교인 수는 오히려 177,006명 감소했다.15 더 큰 문제는 개신교인이면서 교회에 출석하지 않는, 이른바 '가나안(안나가)' 신자의 급증이다. 2024년 기사연 조사에 따르면 개신교인 중 '출석 교회'가 없다고 응답한 이들의 비율은 30.9%로, 한국 개신교인 10명 중 3명이 제도 교회에 소속하지 않고 있다. 세대별 차이는 더욱 두드러진다. 동일 조사에서 가나안 신자 비율은 20대 43.9%, 30대 38%, 40대 39.3%, 50대 31.8%, 60대 23.6%, 70세 이상 17%로, 젊은 세대일수록 종교성 또는 신앙이 급격히 약화되고 있음을 보여준다.16

이러한 교회 내적 위기에 더해, 개신교가 사회적 호감과 신뢰를 상실하고 골칫덩이 집단처럼 취급당하는 외적 위기마저 심화되고 있다. 2024년 '무종교인'이 평가한 종교인 호감도에서 개신교인은 불교인(39.8%), 천주교

---

15 최승현, "6개 주요 교단, 10년 연속 교세 감소⋯정점 대비 202만 명 줄어," 「뉴스앤조이」 (2022. 9. 28.) https://www.newsnjoy.or.kr/news/articleView.html?idxno=304740.
16 한국기독교사회문제연구원, 『2024 주요 사회 현안에 대한 개신교인 인식조사: 한국사회의 다층적 위기』 (도서출판 연하, 2025), 62.

인(36.4%), 원불교인(13.4%)에 이어 네 번째(8.9%)를 기록했다. 개신교의 사회적 신뢰도 평가에서도 비개신교인의 59.4%가 '낮은 편'이라고 응답했다. 흥미로운 점은 개신교에 대한 부정적 평가에서는 개신교인도 마찬가지여서, 개신교인 50.5%가 한국 사회의 개신교 신뢰도가 낮은 편이라고 답한 것이다.[17] 이는 개신교 교회가 위기의식을 크게 느낄 수밖에 없는 구조적 배경을 보여준다.

이러한 교회의 내적·외적 위기를 극복하는 가장 쉬운 길이 외부의 타자를 악마화하여 공격함으로써 내적 결속을 다지는 것이다. 역사적으로, 한국전쟁 후 지금까지 공산주의자가 개신교 교회의 가장 오래된 타자화 대상이었고, 21세기 들어서는 성소수자가 그 대상이 되어왔다. 무슬림은 가장 최근에 인종적, 종교적으로 타자화되고 있는 집단이다. 개신교 내 이슬람 혐오는 집회나 시위 같은 직접적 행동뿐만 아니라, 온라인상 '가짜 뉴스' 형태로도 확산되고 있다. 김동문은 개신교인의 무슬림 혐오 집단행동이 이슬람과 무슬림에 대한 교회 내 '괴담'에 기반하고 있음을 분석했다. 그 사례로는 "서울대 실화: 기도 방해했다고 교수를 처형하겠다는 무슬림", "아프간 선교사 사형 판결 특별기도 요청", "인터넷 떠도는 'IS 성직자의 크리스천 가정 아기 살해'" 등이 있는데, 김동문은 이 모두를 왜곡, 거짓, 조작으로 규정한다. 김동문은 이러한 개신교인의 이슬람 혐오 발언과 행동에 대해 다음과 같이 평가한다.

---

[17] 같은 책, 68-69.

거짓과 왜곡에 기초한 이슬람포비아는 기독교인의 관점에서 볼 때 신앙적으로도 옳지 않고, 사회적으로도 지탄받아야 할 범죄이다. 하나님의 이름으로, 하나님의 영광을 위한다며, 특정 인종과 종교인에 대한 차별과 배제를 서슴지 않는 것은 온몸으로 하나님의 뜻을 반대하는 것을 넘어선 하나님에 대한 반역 행위에 다름없다.[18]

이와 같은 괴담 기반 혐오 발언의 문제는 그것이 실제 혐오 행동으로 이어질 수 있다는 것이다. 역사적으로 나치는 유대인을 '해충', '쥐', '기생충' 등으로 묘사하며 비인간화한 뒤 인종 학살을 자행했고, 르완다에서는 후투족이 투치족을 '바퀴벌레'라고 부르며 집단학살을 수행했다. 한국전쟁 중 반공·극우 집단도 좌파와 민간인을 '빨갱이'로 낙인찍고 살해했다. 즉, 타자를 인종화, 비인간화, 악마화할 때, 양심의 거리낌 없이 파괴할 수 있는 것이다. 그런 점에서 무슬림에 대한 인종적, 종교적 괴담과 혐오 발언이 개신교 공동체를 중심으로 생산되고 유통된다는 현실은 매우 부끄럽고 무서운 일이다.

한국에서의 이슬람 혐오는 아직 기존의 공산주의 혐오나 동성애 혐오보다는 상대적으로 덜 극단적이다. 그러나 이주배경인구가 증가하고 극우주의가 확산된다면, 서양에서와 마찬가지로 한국에서도 무슬림에 대한 폭력이 현실화될 가능성을 배제할 수 없다. 특히 최근 한국 사회에 본격적으로

---

18 김동문, "이슬람포비아, 조장인가 실체인가?," 「진보평론」 67호(2016. 4), 151.

등장하고 있는 극우주의 세력과 이슬람 혐오 세력의 중심이 모두 개신교 교회라는 사실은, 구조적 조건만 형성되면 한국에서도 인종주의적, 종교적 이슬람 혐오가 격렬하게 폭발할 수 있음을 시사한다. 지난겨울의 서울서부지법 폭동 사태는 온라인에서 퍼지고 있는 극우 선동이 순식간에 오프라인 행동으로 전환될 수 있음을 보여준 사례였다. 따라서 왜곡과 거짓과 조작으로 가득한 이슬람 혐오 괴담과 발언을 비판적 이성으로 반박하고 제압하는 노력이 필요하다. 아울러 그리스도교의 신앙과 신학의 근본을 새롭게 성찰함으로써, 혐오가 아닌 사랑, 적대가 아닌 환대의 문화를 만들어가는 것이 시급하고 절실하다.

V. 타자의 얼굴로 찾아오는 그리스도: '환대의 신학'[19]

이 글의 '여는 말'에서 내적·외적 위기에 빠진 한국 개신교가 교회 안팎의 세 타자―공산주의자, 동성애자, 무슬림―를 지목하여 적대함으로써 위기를 극복하려 한다고 비판했다. 그리고 그러한 타자화는 그리스도교의 위기를 완화하기는커녕 더 악화한다고 주장했다. 개신교 교회의 이슬람 혐오는 교회적 위기의 표현이자 위기의 악화라는 것이다. 더 나아가 오늘의 한국 개신교 교회가 보이고 있는 이슬람 혐오 또는 무슬림 혐오는 종교적,

---

19 정경일, "너희도 나그네였다: 환대의 신학," 「인간과 평화」 제4권 제1호 (2023. 3).

인종적 타자에 대한 부정만이 아니라 교회 자신의 정체성에 대한 부정이기도 하다. 왜냐하면 그리스도교 역사의 고대적 기원에서부터 현대에 이르기까지 이어져 온 '환대의 역사'를 망각하고 배반하는 것이기 때문이다.

그리스도인이 타자를 적대하며 공격하는 '무기'로 흔히 사용하는 성서는 사실 '환대의 책'이다. 성서에는 낯선 이, 나그네(이방인), 사회적 약자와 소수자를 환대하는 이야기가 풍부하기 때문이다. 유대인, 그리스도인, 무슬림 모두의 '신앙의 조상'인 아브라함은 이주민이자 유목민이었다. 고향을 떠나 사막을 떠도는 유목민에게 타자는 '적'이 될 수도 있고, '친구'가 될 수도 있다. 만약 타자를 항상 '적'으로만 본다면 사막은 '인간은 인간에게 늑대'(homo homini lupus)인 무한 전쟁터가 될 것이다. 그래서 사막의 유목민들은 다양한 내용과 형식의 '환대 규칙'을 만들었다. 그것은 어떤 의미에서는 서로의 생존을 위한 '이기적 이타성'의 규칙이었다. 아브라함은 그러한 유목적 환대 규칙을 데리다적 의미의 '절대적 환대'로 실천한 인물이었다. 이를 가장 극적으로 보여주는 것이 마므레에서 세 낯선 사람을 만나 환대한 사건이다.

이 유명한 이야기에서 주목할 점은, 아브라함이 그 '세 사람'을 '하느님과 두 천사' 또는 '천사들'로 알고 환대한 것이 아니라는 사실이다. 창세기에 따르면 아브라함은 그 세 사람의 신분과 배경을 알지 못했다(창세기 18:2). 그래서 훗날 『히브리인들에게 보낸 서간』의 저자도 아브라함이 "나그네를 대접하다가, 자기도 모르는 사이에 천사들을 대접하였다"(히 13:2)고 해석한다. 만약 그 세 사람이 하느님과 천사라는 것을 알았다면 아브라함만이 아니라 그 누구라도, 심지어 나그네를 적대하고 공격했던 소돔과 고모라 사람들마저도 그들을 환대했을 것이다. 아브라함은 그들이 누구인지 판단하지 않고, 즉 그들이 적일 수도 있다는 위험을 감수하면서 절대적 환대를 실천한 신앙의 조상이었다.

이 외에도 성서에는 나그네 환대 이야기가 풍성하다. 역사적으로 이스라엘인 자신들이 나그네였다. 아브라함의 손자인 야곱과 그의 가족은 일곱 해 동안 이어진 흉년으로 인한 기근을 피해 이집트로 피신한 '난민'이었다. 하지만 후대 파라오들의 변심으로 이스라엘은 환대받던 난민에서 학대받는 노예로 처지가 바뀌었다. 이에 하느님은 이집트에서 노예 생활을 하며 고통받는 이스라엘인의 울부짖음을 듣고 역사에 개입하여 그들을 해방시키신다. 이 이집트 탈출 사건에서 하느님은 고통받는 약자를 환대하고 해방하는 자비로운 존재라는 히브리적 신관이 생겨났다.

구약 시대 '환대의 신학'에서 중요한 것은 환대와 해방의 경험에 대한 기억이다. 성서에는 "너희는 이방인을 학대해서는 안 된다. 너희도 이집트 땅에서 이방인이었으니, 이방인의 심정을 알지 않느냐?"(탈출기 23:9)와 같은, 이스라엘 사람들도 한때는 이방인이요 나그네였으니 나그네를 환대하라는 하느님의 명령이 반복되어 나타난다. 여기서 하느님은 그 이방인의 종교적 신앙을 환대의 조건으로 제시하거나 요구하지 않는다. 단지 그가 곤경에 처한 나그네이기 때문에 환대해야 한다는 것이다.

예수는 이러한 이스라엘의 환대 신학과 윤리를 그의 시대에 새롭게 해석하고 확장해 적용했다. 예수가 선포하고 실현한 '하느님 나라 공동체'는 당대 정치권력, 종교 권력이 타자화하고 비인간화하고 배제했던 사회적 약자와 소수자를 무조건적으로 환대하는 대안 공동체였다. 예수의 환대

신학과 윤리를 가장 선명하게 보여주는 것이 마태오복음서의 '최후의 심판' 비유다.

> 여러분은 내가 굶주렸을 때에 먹을 것을 주었고, 내가 목말랐을 때에 마실 것을 주었으며, 내가 나그네였을 때에 따뜻이 맞아들였습니다. 또 내가 헐벗었을 때에 입을 것을 주었고, 내가 병들었을 때에 돌보아 주었으며, 내가 감옥에 있을 때에 찾아 주었습니다(마태오 25:35-36).

여기서 예수는 굶주린 사람, 목마른 사람, 나그네, 헐벗은 사람, 병든 사람, 감옥에 갇힌 사람의 인종적, 종교적 배경을 말하지 않는다. 아브라함이 '세 사람'을 무조건적으로 환대했듯이, 예수도 오로지 돌봄이 필요한 사람들을 조건 없이 환대하고 사랑한다. 이러한 무조건적 환대가 그리스도교 신앙과 신학의 핵심적 특징이다. 그래서 2세기 교부 터툴리안은 그리스도인이 서로 사랑하고 서로를 위해 기꺼이 죽기까지 하는 모습이, 서로 혐오하고 죽이는 세상에서 살아가던 사람들이 인식한 그리스도인의 '현저한 특징'(distinguishing mark)이라고 주장했다.[20] '그리스도인'의 의미는 서로 환대하는 사람, 서로 사랑하는 사람이었던 것이다.

결론적으로, 그리스도인의 현저한 특징은 타자를 향한 환대와 사랑으로 드러나야 한다. 이러한 환대 정신을 잘 보여주는 것이 『베네딕도 수도규

---

20 Philip Francis Esler, ed., *The Early Christian World*, vol. 2 (London: Routledge, 2000), 287.

칙』의 "손님이 찾아오는 것은 그리스도가 찾아오는 것이다"(Hospes venit, Christus venit)라는 표현이다. 이러한 수도회적 환대 정신과 규칙에 따라 성 프란치스코는 십자군 전쟁 중에 '적진'에 들어가 무슬림 술탄 알-카밀(al-Kamil)을 만나 대화할 수 있었다. '사막의 성자' 샤를 드 푸코는 북아프리카 사막에서 투아레그족 무슬림들과 '보편적 형제애'와 '우정'을 나누며 그의 '존재와 행위'로 예수의 환대 정신을 실천했다. 그가 사막의 무슬림 곁에서 가난한 그리스도인 형제로 살아가며 열망했던 것은 이 시대 필요한 '환대의 신학'의 목적이다.

> 여기 있는 모든 이들, 그리스도인, 무슬림, 유대인 또는 이교도들이 나를 그들의 형제, '보편적 형제'(모든 사람의 형제)로 여기는 데 익숙해지기를 바랍니다.[21]

VI. 맺는말: 우리는 모두 무슬림이다

역사적으로 이슬람과 그리스도교 간 관계가 처음부터 적대적인 것은 아니었다. 예언자 무함마드는 유대교와 그리스도교를 존중했다. 꾸란이

---

21 Ian Lathan, "Charles de Foucauld (1858~1916): Silent Withness for Jesus 'in the Face of Islam,'" in Anthony O'Mahony & Peter Bowe, OSB, ed., *Catholics in Interreligious Dialogue: Monasticism, Theology and Spirituality* (Leominster: Gracewing, 2006), 54. 재인용.

히브리 성서와 그리스도교 복음서의 일부 내용을 공유하는 것에서 알 수 있듯이, 초기 무슬림은 유대교와 그리스도교를 '자매 종교'로 인식했다. '책의 백성'(ahl al-Kitab)이라는 표현도 이와 관련이 있다. 그리고 무함마드 사후 칼리파 시대의 영토 확장 과정에서도 완전하지는 않지만, 무슬림 정복자들은 유대인과 그리스도인에게 상대적이지만 관용을 보였다. 그래서 유대인과 그리스도인은 인두세만 내면 이슬람 영토 안에서 종교의 자유를 보장받았다. 2대 칼리프 우마르가 예루살렘을 정복하고 보인 관용은 이슬람의 포용 정신을 잘 보여준다. 또한 중세 스페인에서는 유대인, 그리스도인, 무슬림이 함께 어울려 살았던 '콘비벤시아'(convivencia: '공존') 의 역사적 경험이 존재했다. 이러한 관용과 공존의 정신을 깨뜨린 것은 무슬림이 아니라 유럽 그리스도교 왕국과 교회였다. 그들은 십자군전쟁 (The Crusades)을 일으켰고, 콘비벤시아의 이베리아반도를 '레콩키스타'(Reconquista: '재정복')의 피로 물들였다.

현대 사회에서 종교가 국가 간, 민족 간 갈등과 충돌에 연루되기 시작하면서 다행히 평화를 위한 종교 간 대화 노력도 생겨났다. 로마가톨릭 신학자 한스 큉은 자신이 계속 발전시켜 온 대화의 원리를 다음과 같이 명료하게 제시한다. "종교 간 평화 없이 국가 간 평화도 없다. 종교 간의 대화 없이 종교 간 평화 없다. 종교의 기초를 탐구하지 않고서는 종교 간 대화 없다."[22] 여기서 중요한 것은 '대화'인데, 종교 간 대화가 생산적이려

---

22 Hans Küng, *Islam: Past, Present and Future* (Oxford, UK: Oneworld, 2007), xxiii.

면 자신의 종교와 타인의 종교를 심층적으로 탐구해야 한다. 자기 전통과 타인의 전통을 제대로 알지 못하는 사람들 사이의 대화는 아무리 잘되어도 '이해'가 아닌 '오해'만 낳을 뿐이기 때문이다. 그리스도교 신학자인 큉이 이슬람의 과거, 현재, 미래에 대한 '767페이지'의 책을 쓴 것도, 대화를 위한 '종교의 기초'를 탐구하려는 노력의 일환이었다.

진정으로 타자를 이해하면 타자를 혐오할 수 없다. 토마스 칼라일이 친구 괴테에게 자신이 수집하고 이해한 이슬람에 관한 생각을 말해주었을 때, 그 말을 주의 깊게 들은 후 괴테가 말했다. "만약 그것이 이슬람이라면, 우리는 모두 무슬림입니다."[23] 괴테의 『서동시집』(West-östlicher Divan)은 '무슬림'인 그의 경건시다.

> 동방도 신의 나라!
> 서방도 신의 나라!
> 북쪽과 남쪽의 대지도
> 그분의 두 손안에서 평화롭도다.
>
> 그분, 유일하게 정의로운 분께서는
> 모두를 위해 정의를 베풀려 하신다.
> 그분의 수백 가지 이름 가운데

---

23 Mark Cumming, *The Carlyle Encyclopedia* (Cranbury, N.J.: Fairleigh Dickinson Univ Press, 2004), 342.

이것을 드높이 찬양하라! 아멘!24

현대 그리스도교 신학자 미로슬라브 볼프도 그의 논쟁적 책 『알라』에서 그리스도인과 무슬림이 '같은 하느님'을 숭배한다고 주장한다. 신앙의 공통 조상인 아브라함에게서 비롯된 유대교, 그리스도교, 이슬람은 같은 하느님 신앙을 공유하는 자매 종교 전통이라는 것이다. 이러한 관점은 종교 간 대화의 기초를 제공하며, 상호 이해를 증진하는 데 이바지한다. 2009년 1월 20일, 버락 오바마 미국 대통령의 취임식에서 복음주의 목사 릭 워렌은 아브라함계 종교 전통의 근원적 공통점을 강조하는 기도를 했다. 기도 중에 그는 유대인의 핵심 신앙 고백(shema: 쉐마)인 "이스라엘아, 들어라! 주님은 우리 하느님이시니, 주님은 한 분이시니라!"(신명기 6:4)라는 성구와 "당신은 자비롭고 긍휼하신 분"이라는 꾸란의 관용구를 사용하여 기도해서 큰 반향과 반론을 동시에 불러일으켰다. 그는 또한 기도 중에 예수의 이름을 영어 발음 '지저스'(Jesus)만이 아니라 히브리어 '예슈아'(Yeshua), 아랍어 '이사'(Isa), 스페인어 '헤수스'(Jesus)로 불렀다.25 서로 가장 가까운 종교 전통이면서 서로 가장 많은 피를 흘려온 유대교, 그리스도교, 이슬람이 전쟁이 아닌 평화의 길을 걷기 위해서는 같은 하느님을 신앙한다는 인식에서 출발해야 한다.

---

24 요한 볼프강 폰 괴테/장희창 옮김, 『서동시집』(을유문화사, 2024), 12-13.
25 Rick Warren, "Invocation at the First Presidential Inauguration Ceremony for Barack Obama," (20 January 2009) https://www.americanrhetoric.com/speeches/rickwarreninaugurationprayer.htm.

무슬림을 우리의 이웃이자 동료로 수용하고 환대하는 것은 인권과 평등의 현대적 가치에 바탕한 한국 사회의 기본 공적 덕목이다. 그렇다면 한국교회의 무슬림 환대는 한국 사회보다 더 깊고, 더 따뜻하고, 더 자비로워야 하지 않겠는가? 유대인과 그리스도인과 무슬림이 공통적으로 고백하며 신앙해 온 하느님은 모든 사람을 차별 없이 평등하게 사랑하는 신이다. 그런 하느님을 믿고 따른다면 우리는 모두 '무슬림'이다. 따라서 인종주의적·종교적 이슬람 혐오(Islamophobia)는—유대인 혐오(Judeophobia)와 그리스도인 혐오(Christianophobia)도 마찬가지로—김동문이 말한 것처럼 '하느님에 대한 반역행위'이며, 절대적 환대를 실천한 예수 그리스도를 배반하는 '반복음적' 행위다. 한국 사회와 한국교회에 찾아온 우리의 자매요 형제인 '무슬림'을 하느님처럼, 그리스도처럼 환대하는 것, 그것이 다종교·다문화 시대의 그리스도인이 실천해야 할 '복음'이다.

4장

초국적(transnational) 지대의 여성들
―기지촌 지역에서의 빈곤과 성(性)의 인종화

조민아

I. 여는 글*

「동두천」 연작시로 잘 알려진 시인 김명인이 보산리에서 하숙을 했던 시기는 1969년이었다. 골목마다 영문 네온사인들이 번쩍이고 미군과 '양공주'들이 뒤섞이는 기지촌에서 시인은 '태어나서 죄가 된 고아들'과 '혼혈아들'에게 국어를 가르쳤다. "질펀하게 깔려있는 어둠조차 벌 줄 수 없는" 무력감과 막막함을 느끼며 "가시같이 어째서 너는 남아 우리들의 상처를 함부로 쑤시느냐 몸을 팔면서"라고 울분을 토했다.[1] 동두천은 그런 곳이었다. '지키지 못한 우리의 누이들'과 '거두지 못한 자식들'에 대한 회한과 수치와 절망이 점철된 곳, 한국 남성들의 집단 무의식 속에 원죄처럼 각인되어 있던 곳이다.

세월이 흘러 보산리는 보산동이 되었고, 시인이 "끝내 가르칠 수 없었던" 아이들이 다니던 보산 '국민학교'는 폐교가 되었다. 대부분의 주둔 미군 또한 2002년 한국 정부와 주한미군의 합의 이후 경기도 평택으로 이전했다. 한때 시 전체 면적의 42.47%를 차지했던 미군기지 공여지의 완전한 반환은 여전히 이루어지지 않고 있지만, 동두천시는 과거의 낙인을 지우고 관광 인구와 생활 인구를 증가시키기 위해 개발에 박차를 가하고 있다. 캠프 일대는 관광 거리가 되었고, 소요산 입구에는 어린이들에게

---

* 이 글은 「신학사상」 210집 (2025년 가을호)에 실린 "초국적 지대의 여성들: 기지촌 지역에서의 빈곤과 성(性)의 인종화"를 일부 수정하였다.
[1] 김명인, "동두천 3." 황영경, "김명인 시집 동두천 속의 문학원형 공간구현 양상," 「인문사회 21」 11(6).

안보를 교육하는 '자유수호평화' 박물관이 들어서고, 주로 한국화된 미국식 스낵류를 파는 '월드푸드 스트리트'에는 미군, 한국인, 필리핀인, 터키인, 나이지리아인들이 뒤섞인 다양한 악센트의 영어가 들린다.2 즐비하게 늘어서 있던 영문 네온사인의 유흥업소들은 자리를 지켰다.3 그러나 그곳에서 서비스업을 했던, 한때 '국가의 안보 자산'으로 기능했던 한국인 미군 '위안부'들은 대부분 떠났다. 그들이 남긴 자리는 문화예술비자(E-6)를 통해 유입된 "진짜 빨간 머리나 금발 머리의 미군보다 더 하얀 피부를 지닌 러시아 여자들과, 한국 여자들보다 더 검은 피부와 더 슬픈 눈을 한 필리핀 여자들"로 채워졌다.4 그들은 '쥬시걸'로 불린다.5 아무리 오래 머물러도 뿌리를 내릴 수 없는 그들 대신 단단하게 뿌리를 내린 것은 혐오와 무관심이다

오늘날의 기지촌은 더 이상 "비극적 민족사, 자존심과 수치, 한국 남성의 성적 트라우마, 깨어있는 망각의 장소를 상징하는 곳"이 아니다. 아시아 내 '하위제국주의'(sub-imperialism)로 성장한 한국의 위상과 더불어 초국적인 '성매매 공간이자 결혼시장'으로 변모했다.6

---

2 이준희, "동두천 미군기지 공여지 반환, 올해는 이루어질까," 「한겨레 21」 2024. 2. 9. https://h21.hani.co.kr/arti/society/society_general/55076.html

3 1990년대를 전후한 동두천 지역의 변화에 대해서는 이 책에 실린 강슬기의 글 참고.

4 김중미, 『거대한 뿌리』 (검둥소, 2006), 34.

5 '쥬시걸'은 이들 이주민 성 노동자들이 한 달에 100~200잔의 음료(쥬스) 판매 할당량을 채워야 하기 때문에 붙은 별명이다. 할당량을 못 채울 시에는 감금, 청소 등 가사 노동을 강요당한다. 한정우, "필리핀 이주 기지촌 여성 '쥬시걸'의 민족지적 연구," 「여성학 논집」 제31집 2호 (2014), 39.

이글은 한국 사회에 이주민이 적극적으로 유입되기 시작한 1990년대 중반 전후를 기준으로 기지촌 역사의 궤적을 따라가며, 그 안팎에서 기지촌 여성들이 인종화되어 온 방식과 서로 다른 민족주의 담론들이 경합하며 초국적 자본과 결합해 노골적인 인종주의로 전화되는 과정을 탐색한다. 어제와 오늘의 기지촌 공간에 공히 작용하는 민족주의는 인종화의 과정과 불가분의 관계에 있으며, 특히 여성의 성(性)과 가난을 매개로 '우리'와 '타자'를 구분하고, 특정 집단을 하위 인종으로 표지화한다. 가난한 한국인 여성들과 필리핀, 러시아인 이주 여성들이 기지촌 안팎에서 경험해 온 차별과 배제는, 초국적 인종주의와 결합한 민족주의가 단순한 타자화를 넘어 노골적인 인종화와 인종차별로 전화되는 과정을 뚜렷하게 보여준다.

    글의 후반부에서는 오늘날 기지촌 안팎에서 이주민 성 노동자들을 동반하는 종교의 역할, 특히 가톨릭교회의 사목적 지향과 활동을 고민한다. 종교는 민족주의의 배타성과 이와 맞물린 젠더 차별을 강화하는 근거로 작동할 수 있지만, 동시에 환대와 저항, 연대의 해석학을 길어 올릴 수 있는 해방의 자원이 될 수도 있다. 한국 사회의 그리스도교가 오늘날 기지촌의 인종차별을 성찰하고 대항하기 위해 비판적 인종 이론과 페미니즘을 참고해야 하는 이유가 여기에 있다. 성과 빈곤을 둘러싼 교차적 억압 구조를 직시하고, 선과 악, 피해와 가해의 구도로 접근하는 기존의 신학을 점검해야만 단순한 시혜적 관점이 아닌 구조적 불평등, 젠더 권력,

---

6 정희진, "'시장-안보 국가'시대와 한국의 기지촌 성산업," 『아메리칸앨리의 여성들』 (두레방, 2009), 9.

인종화의 문제에 대한 실천적 대안을 모색할 수 있다.

II. 1990년대 이전의 기지촌
: 성(性)과 빈곤 그리고 인종화

1960~80년대 기지촌은 본질적으로 젠더화, 인종화된 공간이었다.7 이나영이 지적하듯, 기지촌의 백인 미군 남성과 한국인 여성 사이의 관계에서 드러나는 인종주의는 일본군 '위안부' 제도에서도 공히 드러났던, 인종주의가 제국주의와 결합하여 여성의 성을 착취하는 메커니즘을 그대로 보여준다.8 미국은 병사들의 사기와 복지를 진작하여 안정적인 주둔을 꾀하기 위해 기지촌의 존재를 묵인하거나 간접적으로 장려했다.9 피식민지

---

7 이 글에서는 마이클 오미(Michael Omi)와 하워드 위난트(Howard Winant)의 주장을 빌어 인종을 '생물학적 실체 혹은 단순한 선입견'을 너머, 사회적으로 구성되지만 매우 실질적인 결과를 갖는 범주'로 정의하며, '인종화'(racialization/racial formation)를 "인종적 정체성이 창조되고, 경험되고, 변형되고, 파괴되는 사회적 과정"이라 정의한다. 인종 개념은 고정된 것이 아니라 계속 바뀔 수 있다. 인종화를 구성하는 사회적 규칙이나 질서는 사람들 사이의 일상적 관계(미시적)와 사회 전체의 구조나 제도(거시적)가 서로 연결되고 영향을 주고 받으며 만들어지기 때문이다. Michael Omi & Howard Winant, *Racial Formation in the United States* (New York: Routledge, 2014), 67, 104.

8 이나영, "글/로컬 젠더 질서와 한반도 여성의 몸: 일본군 '위안부'와 미군 기지촌 '양공주'," 「동방학지」161 (2013. 3), 11.

9 캐서린 H. S. 문/이정주 옮김, 『동맹속의섹스』(서울: 삼인, 2007), 21-29, 104. 미군 당국은 기지촌 여성의 성병 관리, 질서 유지, 인종 갈등 완화 등의 구체적인 요구를 한국 정부에 전달하며, 기지촌이 주둔 미군과 지역사회의 마찰을 완충하는 공간으로 기능하길 원했다.

여성의 성을 침탈하여 피식민지 남성의 무력함을 부각시키고 식민 지배자의 인종적 우월성을 과시하려는 제국주의적 통치 전략이 미군 기지촌의 형성과 작동 방식에 깊이 자리 잡고 있었던 것이다.10

허나, 기지촌을 둘러싼 인종화는 미군과 한국인 여성 사이에서만 발생한 것이 아니다. 한국 사회 내부에서도 발생했다. 1990년대 이전 기지촌은 단순히 군사 기지 주변의 상업 공간이 아니라, 미국과 한국 사이의 비대칭적 권력관계가 일상적으로 재현되던 '접경 지역'이었다.11 배근주의 논문에서 볼 수 있듯, 기지촌 공간에서 미국은 제국주의 권력으로, 한국은 종속된 안보 동맹국으로 존재했으며, 이러한 구조는 기지촌의 일상적 관계에 깊숙이 스며들어 인종과 젠더가 복잡하게 얽힌 중층구조를 형성했다. 백인 군인을 최상위로 시작하여 유색인종 군인으로 하강하는 미군 내부의 인종적 위계 그리고 미군과 한국 남성, 남성과 여성 간의 인종적 · 젠더적 위계를 통해 주둔군과 지역사회 내부에 다층적인 인종적 · 사회적 권력 구조를 구성하는 공간이 되었던 것이다.12 이 과정에서 중요한 기제로

---

10 이나영, "탈식민주의 페미니스트 읽기: 기지촌 성매매 여성과 성별화된 민족주의, 재현의 정치학," 「한국여성학」 24/3 (2008), 84. 민족주의는 여성을 실질적, 상징적 기표로 적극 활용한다. 여성이 민족주의에 활용되는 방식으로는 니라 유발 데이비스(Nira Yuval Davis)와 플로야 안티아스(Floya Anthias)의 책, Nira Yuval-Davis & Floya Anthias (ed.), *Women, Nation, State* (London: Macmillan, 1989), 1-15.

11 연남경, "한국 현대소설에 나타난 접경지대와 구성되는 정체성," 「현대소설연구」 52 (2013), 253.

12 K. Christine Pae, "Western Princesses—A Missing Story: A Christian Feminist Ethical Analysis of U.S. Military Prostitution in South Korea," *Journal of the Society of Christian Ethics* 29/2 (2009/Fall-Winter), 121-139.

작용한 것이 위에서 언급한 성과 빈곤의 이데올로기이다.

식민주의 사회 혹은 인종화된 사회에서 성과 친밀성(intimacy)은 개인 관계나 사적인 영역에 머무르지 않고, 국가적, 인종적, 민족적 경계를 구획하고 유지하는 핵심적인 장을 형성한다. 앤 L. 스톨러(Ann L. Stoler)는 『몸의 지식과 제국의 권력: 식민 통치 속 인종과 친밀성의 역학』(*Carnal Knowledge and Imperial Power: Race and the Intimate in Colonial Rule*)에서 유럽 제국주의 국가들의 식민지 행정을 예로 들어, 식민 권력은 군사력이나 경제력뿐 아니라, 친밀성과 성적 접촉을 엄격하게 통제하여 식민 지배 집단과 피식민 집단 사이의 경계를 명확하게 설정한다고 주장한다.13 혼혈 결혼, 혼외 자녀, 가정 내 하인과의 관계 등 경계가 불분명한 친밀성을 적극적으로 통제하고 규율함으로써 인종적 위계질서를 공고히 했다는 것이다. '양공주'나 '양색시'로 불리며 모멸의 대상이 되고 인간 이하의 취급을 받았던 기지촌 미군 '위안부'와 이들과 미군 사이에서 태어난 혼혈인에 대한 한국 사회의 낙인과 배제의 역사는 스톨러의 주장처럼 인종화 과정에 개입하는 성의 역할을 생생하게 증언한다.14 이들은 민족주의적 경계, 즉 순혈성과 단일성을 위협하는 이물질이자, 한국 사회가 스스로

---

13 Ann Laura Stoler, *Carnal Knowledge and Imperial Power: Race and the Intimate in Colonial Rule* (New York: University of California Press, 2002).
14 혼혈인에 대한 차별은 한국의 국가정책 속에서 제도화되었다. 1960~80년대에 이르기까지 한국 정부는 혼혈아를 '사회문제'로 규정하며, 이들을 해외 입양 대상으로 적극 관리하고 '처분'했다. 김미덕, "한국문학에서 기지촌 성매매 여성과 아메라시안에 대한 연구," 「아시아여성연구」 46/2 (2007); 김동심, "기지촌 혼혈인 인권실태조사," 국가인권위원회 발간자료 (2003).

를 순수하고 균질적인 집단으로 구성하고자 할 때 필연적으로 배제되고 분리되어야 할 '오염된' 존재로 여겨졌던 것이다.

한국 사회에서 미군 '위안부'들과 혼혈인들이 겪었던 차별은 '타자화'(othering)를 너머 '인종화'(racialization)의 성격을 드러낸다. 문화적 차이에 기반한 '다름'을 부각시켜 집단 전체를 하나의 특성으로 일반화, 배제화하는 전략을 '타자화'라는 개념으로 폭넓게 묶는다면, 인종화는 타자화에 포함되지만, 특정 집단을 주류와 본질적인 차이를 가진 사회적 범주로 분류하고, 그 범주에 위계를 부여하는 과정이다. 인종화는 권력, 자원 분배, 사회 구조와 밀접한 연관을 가지며 '인종적' 차이에 따라 불평등과 차별을 정당화한다. 혈통과 출신 배경이 각인된 몸을 통해 사회적 위계를 시각화하고, 배제를 일상화하며, 권력과 자원의 분배 구조 속에서 어떤 존재는 보호받고, 어떤 존재는 방치되어도 무방하다는 판단의 기준선을 그어버리는 것이다. 기지촌 여성과 그 자녀들이 경험한 차별은 이러한 구조적 차별을 반영하며, 따라서 문화적 타자화나 도덕적 낙인을 벗어나는 인종화의 과정으로 설명되어야 한다.

성과 친밀성이 인종화 과정에 기여하는 것과 마찬가지로, 빈곤 또한 인종화와 밀접한 연관성을 갖고 있다. 미군 '위안부' 여성들이 처했던 사회적 조건을 분석하는 데 있어 '계급' 개념보다 '빈곤'이란 포괄적 개념에 주목하는 이유는, 계급 중심의 분석 틀은 인종이나 젠더에 기반한 차별을 계급 내 하위 범주로 종속시키기 때문에 문화적 낙인, 제도적 경계, 상징적 폭력과 같은 비경제적 억압의 구조를 충분히 포착하지 못하는 한계를 가지기 때문이다. 이에 비해 빈곤 개념은 경제적 결핍을 포함하여 문화적 차이, 제도적 차단, 공간적 고립 등을 통해 특정 집단이 사회적 자원에 접근하는 것을 불가능하게 만드는 다차원적이고 중층적인 배제의 메커니즘을 분석하는 데 유용하다. 특히 차별을 정당화하는 데 활용되는 '아포로포비아'(aporophobia), 즉 가난에 대한 혐오는 가난한 이들이 사회적 시선과 문화적 담론 속에서 낙인과 차별을 경험하며 마치 하위 인종(sub-race)처럼 구성되는 배경을 설명하는 데 효과적이다. 스페인의 철학자 아델라 코르티나(Adela Cortina)는 아포로포비아(aporophobia)를 "가난한 사람들, 곧 자원이나 수단이 없고 우리에게 어떤 의미 있는 방식으로도 보답할 수 없을 것처럼 보이는 이들에 대해 느끼는 거부감, 혐오, 두려움 그리고 경멸"이라고 정의한다.15 유색 인종이나 인종화된 소수자들은 대부분의 사회에서 기회와 자원의 불평등으로 인한 빈곤을 경험하지만, 이로 인한 가난은 피부색이나 문화에 대한 편견 외에도 도덕적 낙인, 즉 "게으르다", "불결하다", "위협적이다", "(도덕적/성적으로) 문란하다"라는 고정관념을 생산하는 아포로포비아와 결합하여 인종화를 강화한다.16

---

15 '아포로포비아'(aporophobia)는 고대 그리스어 aporos(가난한, 수단이 없는)에서 유래된 개념이다. 아포로포비아(aporophobia)는 단순히 가난 자체가 아니라, 가난한 사람들에 대한 비이성적인 두려움, 거부감, 혐오를 의미한다. 이는 외국인 혐오(xenophobia)나 인종차별(racism)과 교차점이 있지만 구별되기도 한다. 아포로포비아는 가난한 사람들에 대한 고정관념 형성과 비난의 구조를 살펴보는 데 용이하다. 보다 관계적이고 갈등 중심적인 접근을 제시한다는 점에서 기존의 구조 중심적 또는 개인 책임론적 시각과 차별된다. Adela Cortina, *Aporophobia: Why We Reject the Poor Instead of Helping Them* (Princeton, NJ: Princeton University Press, 2022), xxi.
16 나는 코르티나의 주장 중 가난에 대한 혐오가 인종차별이나 외국인 혐오보다 더 근본적인 혐오 양상이라고 지적한 부분에는 동의하지 않지만, 빈곤이 인종화 과정에 영향을 끼치는 강

기지촌의 한국인 미군 '위안부' 여성들도 마찬가지였다. 빈곤은 기지촌 공간에서 단순한 계급적 지표가 아니라, 성과 결합하여 '위안부' 여성들을 인종화하는 데 중추적인 역할을 담당했다. 대다수의 미군 '위안부' 여성은 기지촌으로 오기 전 이미 극심한 빈곤과 사회적 취약성 속에서 살아가고 있었다.

한국전쟁 이후 혼란과 국가 복지 체계의 미비, 여성에 대한 교육·취업 기회의 구조적 박탈은 수많은 저소득층 여성들이 기지촌으로 흘러들게 된 계기를 제공했다.17 단지 저소득층이거나 노동자였다는 이유로 배제된 것이 아니라, 가난 자체가 일종의 범주처럼 기능하여 이들을 낙인 찍고 차별해도 좋은 존재로 몰아갔던 것이다. 기지촌 여성들에 대한 집단적 상상과 편견은 이렇듯 빈곤과 성의 기반 위에서 구축되었으며, 이들을 '관리되고 통제되어야 할 존재'로 다루어지게 했고, 때로는 공공위생의 위험, 국가 정체성을 위협하는 불순물, 즉 시민성이 결여된 인간 이하의 존재, 하위 인종으로 구성되는 바탕을 마련했다. 이렇듯 성과 빈곤을 매개로 한 인종화 과정을 정당화하는 논리로 동원되었던 것이 바로 아래에서 살펴볼, '한민족'이라는 상상의 공동체를 기반으로 한 민족주의이다.

력한 변수로서 작용할 가능성은 주목한다. 인종적 타자라 할지라도 경제적, 지적 자원을 가진 이들은 '명예시민'으로 인정되어 제한된 권리를 부여받을 가능성이 있는 반면, 가난한 이들은 사회적으로 도움을 받을 자격이 없거나, 통제되고 관리되어야 할 존재로 구성되기 때문이다. 물론 '명예시민'의 경우도 인종화에 기반한 다양한 형태의 부당한 대우를 경험한다.
17 캐서린 H. S. 문, 21-29, 104,

III. 민족주의와 인종주의의 결합
: 국가의 이름으로, 탈식민 저항의 명목으로

스스로 민족주의자라 믿는 이들은 자신들의 주장을 인종에 근거한 차별이기보다, 위협받는 국가와 공동체의 정체성을 규정하고 수호하기 위한 불가피하고 정당한 방어로 인식한다. 배제의 논리를 정당화하면서도 그것이 인종주의와 맺고 있는 구조적 연루를 부인하거나 간과하는 것이다. 민족주의는 '민족'이라는 공유된 정체성의 허구적 구성물을 기반으로 특정 국가, 국민의 가치와 제도, 언어, 종교, 관습, 생활 양식 등을 보편적 기준으로 제시하며, 이러한 특성을 공유하지 못하는 타자들을 바깥으로 밀어내는 이데올로기다. 민족주의는 '담론적으로 구축된 정서적 동질성'을 강조한다는 측면에서 "사회적으로 구성되지만 매우 실질적인 결과를 갖는 범주", 예를 들어, 종족(ethnicity), 종교적 정체성, 국적/시민권, 문화적 특성, 계급 등에 기반하여 차별을 양산하는 인종주의와 구분되지만, '민족'이라는 범주가 인종과 분리되어 작동하는 예는 드물다. 생물학적 차이이든, '인종화' 과정에 따른 문화적 차이든, 거의 모든 상황에서 '민족'은 인종적 구분과 결합하여 의미를 형성한다.18 즉, 민족주의와 인종주의는 '순수하고

---

18 에티엔 발리바르(Éienne Balibar)는 오늘날 인종주의가 더 이상 순수한 생물학적 구분에 의존하지 않고, 문화적 차이와 국가 정체성을 통해 작동하는 '인종 없는 인종주의'로 변형되고 있다고 지적하며, 현대의 민족주의가 신인종주의로 기능하고 있다는 것에 주목한다. 에티엔 발리바르(Éienne Balibar), "Is There a 'Neo-Racism'?" Éienne Balibar & Immanuel Wallerstein, *Race, Nation, Class: Ambiguous Identities* (London: Verso, 1991),

동질적인 혈통'이라는 신화를 매개로 교차하며, 타자를 배제하고 위계 짓는 상상력을 작동시킨다. 한국 사회와 같이 단일 민족 신화가 민족주의의 주된 바탕을 이루는 사회에서 민족주의는 인종주의적 성격을 강력하게 담지하면서도 그것을 숨기는 방식으로 특정 집단을 배제하거나 포섭하는 인종화 과정과 연동한다.[19] 이는 국가를 중심으로 하는 '국가 민족주의'와 식민 세력과 국가 권력을 비판하는 '저항적 민족주의' 모두에서 발견되는 메커니즘이다.[20]

권력의 우위를 점하는 식민 세력과 공존해야 했던 한국 사회의 국가 민족주의는 미국의 지배를 받는 '하위 권력'이라는 현실적 조건에도 불구하고 내부적으로는 강력한 통치 이데올로기를 내세워 정당성을 확보해야 했다. 박정희 정권의 '기지촌 정화 사업'은 국가 민족주의가 이 모순적인 역할을 어떻게 수행했는지 잘 보여준다. 국가는 외화를 벌어들이는 데 큰 공헌을 했던 '위안부' 여성들을 '민간 외교관'이나 '애국자'로 칭송했지만, 실상으로는 헌법적 권리를 유예하고 최소한의 인권조차 박탈한 채 국가

17-28.

[19] 문화적 차이에 기반한 '다름'을 부각시켜 집단 전체를 하나의 특성으로 일반화, 배제화하는 전략을 '타자화'(othering)라는 개념으로 폭넓게 묶는다면, 인종화는 타자화에 포함되지만 그중에서도 특정 집단을 대상으로 '생물학적인 인종'이라는 사회적 범주를 만들어 내고, 그 범주에 특정 의미와 위계를 부여하는 과정이다. 인종화는 권력, 자원 분배, 사회 구조와 밀접한 연관을 가지며 '인종적' 차이에 따라 불평등과 차별을 정당화한다.

[20] 김은실은 한국의 민족주의를 국가 민족주의와 민중적 민족주의(1994)로 구분하며, 이나영은 민중적 민족주의 개념 대신 저항적 민족주의로 칭한다. 이 글에서는 저항적 민족주의의 개념을 사용하되, 그 안에 존재하는 희생자 의식을 다룬다. 김은실, "민족 담론과 여성: 문화, 권력, 주체에 관한 비판적 읽기를 위하여," 「한국여성학」 10 (1994).

안보와 발전을 위한 희생제물로 배치했다.21 정화 사업을 통해 성매매 여성들을 통제·관리하며 한미 관계의 긴장 완화와 국가 이익을 꾀하는 한편, 이들을 민족 범주의 최전방으로 몰아넣어 민족 내부의 '순수성'과 단결을 도모하는 방식을 택했던 것이다.22

미국의 식민 권력과 국가 권력에 비판적으로 대응했던 저항적 민족주의 또한 미군 '위안부' 여성들을 하위 인종으로 취급하기는 마찬가지였다. 임지현이 언급한 '희생자 의식 민족주의'의 성격을 띠는 한국 사회의 민족주의는 민족의 고통과 수난을 집단적 기억으로 신성화하고 도덕적 우월성을 부여하는 한편, 여성의 신체를 "더럽혀진 민족"이란 민족적 은유로 활용하며 짓밟힌 민족의 자존심과 제국주의의 잔인함을 표현하는 도구로 삼았다.23 제국주의의 성적 침탈로 인해 '몸 버린', '망가진' 기지촌 여성을 '깨끗하고 정숙한 여성'을 보호하기 위해, 궁극적으로는 여성들의

---

21 캐서린 H. S 문, 104.
22 전재호, "민족주의와 역사의 이용: 박정희 체제의 전통문화정책," 「사회과학연구」 7 (1998), 83-106; 류상영, "1962년 박정희의 통화개혁과 한국의 민족주의," 「현대정치연구」 13 (2020), 119-153.
23 임지현이 고안한 희생자 의식 민족주의(victimhood nationalism)란, 한 민족이 과거의 집단적 희생 경험을 기억 서사로 세습·강조하며, 이 희생자 의식을 현재의 민족주의에 도덕적 정당성과 정치적 알리바이로 활용하는 현상이다. 후속 세대가 앞 세대의 희생 경험과 지위를 물려받아 '희생자 민족'이라는 정체성을 집단적으로 내면화하고, 이를 통해 가해자 민족을 선험적으로 전제하며, 민족 간의 관계를 '희생자·가해자'라는 이분법적 구도로 고착시키는 특징을 갖는다. 희생자 의식 민족주의는 영웅 중심의 민족주의와 달리, 민족의 고통과 피해의 기억을 집단적 정체성의 핵심으로 삼고, 이 기억을 국가와 민족의 도덕적 우월성, 정책적 정당성, 국제적 입지의 근거로 삼는다. 임지현, 『희생자의식 민족주의: 고통을 경쟁하는 지구적 기억전쟁』 (서울: 휴머니스트, 2021).

아낌 없는 희생으로 되살아날 '아들들'을 살려내기 위해 존재하는 제물로 인식했던 것이다.24 1992년 윤금이 씨 살해 사건에 대한 당시 좌파 민족주의 세력의 대응은 저항적 민족주의의 이렇듯 잔인한 이면을 여실히 드러낸다. 참혹하게 유린당한 한 여성의 나체 사진이 어떠한 동의도 없이 전국에 유포되는 등 희생자에 대한 인격적 존중은 고려되지 않았다.25

이상 살펴본 바와 같이, 기지촌 공간을 둘러싼 미군 '위안부' 여성들에 대한 인종화 과정에서 성과 가난은 중추적인 역할을 담당하며, 민족주의 담론과 결합하여 그들을 하위 인종으로 분류하는 데 결정적인 작용을 했다. '우리'와 '타자'의 경계를 구획하는 민족주의는 이렇듯 성과 빈곤 이데올로기와 결합할 때 특정 집단을 인종화하는 실질적 효과를 발휘한다. 이진경이 지적하듯, 민족의 외곽에 존재하는 이들은 언제든지 배제되거나, 혹은 민족의 번영을 위해 소모품이 되는 '죽음 정치'(necropolitics)의 제물로 기능하는 것이다.26 그렇다면, 한국인 미군 '위안부' 대신 '쥬시걸'로 호명되는 이주 여성들이 살고 있는 오늘날의 기지촌은 어떨까? 국제적 성매매

---

24 '위안부' 여성을 하위 인종으로 분류하여 민족의 최전방에서 희생시켜 버린다는 점에서 국가민족주의와 동일한 메커니즘을 보인다. 이나영, "탈식민주의 페미니스트 읽기: 기지촌 성매매 여성과 성별화된 민족주의, 재현의 정치학," 「한국여성학」 24/3 (2008), 80.

25 '윤금이 사건'은 1992년 10월 28일 동두천에서 발생한 미군에 의한 기지촌 여성 살해 사건이다. 여성의 몸에 가해진 폭력성은 당시 SOFA 개정 운동과 맞물려 전 국민적인 반향과 공분을 일으켰으며, 반미투쟁의 주요한 상징이 되었다. Ibid., 80.

26 Jin Kyung Lee, "Surrogate Military, Subimperialism, and Masculinity: South Korea in the Vietnam War, 1965-73," *Positions* 17/3 (2009), 656; 박정미, "한국 기지촌 성매매 정책의 역사사회학, 1953-1995년: 냉전기 생명정치, 예외상태, 그리고 주권의 역설," 「한국사회학」 49/2 (2015), 1-33.

시장이 되어버린 오늘의 기지촌에서 성과 빈곤이 어떠한 방식으로 인종화 과정과 결합하는지를 살펴보자.

IV. 오늘의 기지촌 — 1990년대 이후

과거의 기지촌과 마찬가지로 오늘날의 기지촌 또한 성폭력, 인종적 위계, 경제적 불평등이 교차하는 복합적인 권력의 장이다. 1990년대 중반 이후 이어지고 있는 글로벌 자본주의 개편 과정에서 이주민들이 적극적으로 유입되기 시작한 기지촌에는 현재 필리핀과 러시아 여성이 전체 노동 인구의 90%를 웃돈다.[27] 한국과 미국의 '접경지대'로 존재하던 이전의 성격을 벗어나 '제국주의적 초지역성'(imperial translocality)을 띠게 된 것이다.[28]

이주 여성들은 자신을 송출한 국가의 소개업체, 한국의 연예기획사와 외국인 전용 유흥업소로 이루어진 국제적인 자본의 네트워크를 통해 유입되며, 문화예술 공연을 목적으로 하는 E-6 비자로 체류 자격을 인정받는다. 이주 여성들 대부분은 자신이 일할 곳이 유흥업소라는 것을 알지

---

[27] Na Young Lee, "The Construction of U.S. Camptown Prostitution in South Korea: Trans/Formation and Resistance," (PhD diss., University of Maryland, 2006), 177, 210.

[28] Jing-Kyung Lee, *Service Economies: Militarism, Sex Work, and Migrant Labor in South Korea* (Minneapolis: University of Minnesota Press, 2025), 38.

못하거나, 사전에 고지받았다 할지라도 성매매, 성 접촉, 노출이 심한 춤 공연 등의 성적 서비스를 제공하게 된다는 사실을 모르고 한국에 도착한다.29 이들은 주로 한국인들에 의해 자행되는 언어 폭력, 구타, 성폭력 등 다양한 폭력에 노출되며, 어떠한 보호 체계도 안정적인 법적 지위도 없이 피해를 감내하거나 업소를 탈출하여 미등록 체류자로 전락하곤 한다. 결국 법의 사각지대에 놓인 채 송환되거나 숨어 지내게 되는 구조적인 취약성과 착취가 재생산되고 있는 것이다.30

오늘날 기지촌의 변화된 지형을 살펴보기 위해서는 초국적 자본의 이동에 따른 전 지구적인 노동력 분화가 인종주의와 연동하는 방식을 이해해야 한다.

조디 멜라메드(Jodi Melamed)는 신자유주의 다문화주의가 문화적 다양성, 포용, 자유 같은 진보적 가치를 표방하지만, 실질적으로는 시장 개방과 규제 완화 정책을 뒷받침하며 불평등한 노동 구조를 은폐한다고 지적한

---

29 신윤진, "예술흥행비자제도를 통한 이주 여성 고용의 인권문제와 법적 과제—인신매매에 대한 국제기준과 외국사례에 비추어," 「법학논총」 41/1 (2017), 137, 140-144. 신윤진을 비롯한 연구자들에 의하면, 이러한 유입 형태는 인신매매에 해당한다. 이병렬·김희자, "예술흥행비자(E-6) 소지 이주 여성에 대한 인신매매행위 대응정책의 문제점과 개선방안,"「동북아문화연구」 50 (2017), 177-204.

30 현행 법상 예술흥행비자(E-6) 소지 이주 공연 노동자들의 국내 체류 활동을 규율할 수 있는 법적 규정은 매우 미흡하다. 노동 착취와 성적 착취가 착종되어 있는 공연 이주노동자들의 인신매매 속성 때문에 법무부, 고용노동부, 여성부, 문화관광부 등 여러 부처에 걸친 체계적 대응이 없이는 해결되기 어렵다는 점 때문이기도 하고, 체류 활동 자체가 법적 대응의 대상으로 규정되어 있지 않아 당국의 관리 감독 대상으로 가시화되고 있지 않기 때문이기도 하다. 신윤진, 위의 글, 147; 이병렬·김희자, 위의 글, 194.

다.31 여기서 작동하는 인종 리버럴리즘(racial liberalism)은 과거의 외양 기반 인종주의와 달리 이데올로기와 경제, 문화적인 차이를 기준으로 특권과 낙인을 부여하는 새로운 인종화 방식이다. 전통적 인종 범주가 사라진 것처럼 보이게 하기 위해 다양한 지표를 동원하지만, 본질적으로는 인종차별에 근거하여 사회질서를 유지하는 것을 말한다.32

멜라메드가 강조하는 것은 이러한 신자유주의적 다문화주의를 통해 미국을 비롯한 서구 국가가 글로벌 자본주의의 헤게모니를 확립한다는 점이다. 다문화주의는 '민주주의', '인권' 등의 보편적 가치를 표방하며 국제기구, 다국적 기업, 개발 원조를 통해 전 세계로 확산되었고, 이 과정에서 각국의 경제 구조를 미국 중심의 신자유주의 체제로 재편하는 이데올로기를 정당화했다. 이는 W.E.B. 듀보이스가 예견한 '새로운 제국주의'와 '간소화된 노예제'의 전 지구적 확산을 가능하게 했으며,33 그 결과 아시아,

---

31 Jodi Melamed, "The Spirit of Neoliberalism: From Racial Liberalism to Neoliberal Multiculturalism," *Social Text* 24/4 (2006), 1-24.

32 인종 리버럴리즘은 노골적인 인종 분리와 차별을 거부하면서도 개인의 편견 해소와 색맹적(colorblind) 정책을 통해 점진적 통합을 추구했던 1940~1970년 미국의 정치적 담론을 설명한다. 법적 평등을 달성하는 데는 기여했지만, 구조적 불평등을 간과하고 능력주의 이데올로기를 통해 지속되는 인종 격차를 개인의 책임으로 귀속시키는 한계를 보인다. 인종 리버럴리즘은 중산층 흑인의 성공을 강조함으로써 인종 집단 내 분열을 조장하고, 궁극적으로는 백인 중심의 사회 질서를 유지하는 데 기여했다. Desmond S. King & Rogers M. Smith, "Racial Orders in American Political Development," *American Political Science Review* 99/1 (2005), 75-92; Herbert Aptheker (ed.), *Newspaper Columns* vol. 2 (New York: Kraus-Thomson, 1983), 863.

33 W. E. B. Du Bois, "Kenya's People on the Move," *People's Voice* (1947. 11. 29), 재수록: Herbert Aptheker (ed.), *Newspaper Columns* vol. 2 (New York: Kraus-

아프리카 대륙의 특정 지역과 인구 집단을 값싼 노동력 저수지로 고착화하는 인종화된 전 지구적 노동 분업 체계가 확립되었다.

이렇듯 신자유주의적 다문화주의가 지배하는 전 지구적 인종 자본주의의 맥락에서, 민족주의는 역설적으로 더욱 강화된 형태로 나타난다. 이는 단순한 우연이 아니라 구조적 필연성에 기인한다. 신자유주의가 주창한 자본의 자유로운 이동과 시장 개방은 국경을 무력화하는 듯 보이지만, 실제로는 민족국가가 자국 내 경제적 모순과 사회적 갈등을 관리하기 위해 오히려 더 배타적인 정체성 담론을 필요로 하기 때문이다. 즉, 다문화주의 이데올로기는 표면적으로는 관용과 포용을 강조하지만, 실질적으로는 노동시장의 인종화를 촉진하여 노동자들 사이의 경쟁을 가속화한다.34 이 과정에서 '민족'은 더 이상 역사적 공동체나 문화적 유대를 의미하지 않고, 초국적 경쟁에서 살아남기 위한 생존 단위로 재구성된다. 신자유주의의 노동력 시장 개방으로 유입된 타국의 '침입자'들에게 자국의 일자리를 빼앗기는 듯한 심리적 불안은 '민족 집단' 내부에 속한 노동자들로 하여금 경제적 몰락의 책임을 구조적 원인이 아닌 이주민, 난민 등의 소수 집단에게 전가하도록 종용한다.35 민족국가는 이러한 불안을 활용하여 인종적 순수성과 문화적 우월성이라는 허상을 제시함으로써 사회적 결속을 도모하고,

---

Thomson, 1983), 830; 그리고 W. E. B. Du Bois, "Watch Africa," *National Guardian* (1949/1/3)와 Melamed, "The Spirit of Neoliberalism," 11에서 재수록.

34 Balibar, "Is There a 'Neo-Racism'?"

35 David Harvey, *A Brief History of Neoliberalism* (Oxford: Oxford University Press, 2005).

신자유주의 정책으로 발생한 내부적 모순을 이주민과 난민들에 대한 적대 관계로 전환시킨다.36 이렇듯 다문화주의와 민족주의는 표면적으로는 상반된 것처럼 보이지만, 실제로는 신자유주의 체제의 모순을 은폐하고 재생산하는 상호보완적 메커니즘을 형성한다.

1990년대 이후 새롭게 편성된 초국적인 인종 자본주의 질서 속에서, 한국은 더 이상 제국주의 질서의 피해자나 단순한 수용자가 아니다. 이제 한국은 아시아 내 인종 위계와 젠더화된 권력관계를 조직하는 적극적 행위자인 하위제국주의로 기능한다.37 이를 위해 다문화주의는 '코리안 드림'이라는 신기루를 내세워 경제적으로 취약한 국가의 노동자들을 유입시키는 효과적인 도구이다.38 국가는 과거와 달리 더 이상 주권적 주체로 전면에 나서지는 않지만, 대신 자본의 흐름을 원활히 하는 관리자로 재편되어 여전히 중요한 역할을 담당하며, 비자 발급·고용 승인·체류 관리 등을 통해 여성 노동력의 유입을 제도적으로 허가하고, 기지촌 성 산업을 간접적으로 통제한다.39 또한, 초국적 자본의 영향 아래에서 국가가 내적

---

36 Arlie R. Hochschild, *Strangers in Their Own Land: Anger and Mourning on the American Right* (New York: The New Press, 2016).

37 연남경, 위의 글, 266.

38 이진경, "민족, 하위제국주의, 초국가적 노동," 「황해문화」 50 (2006/봄), 287. 이진경은 노동력의 착취를 통한 경제적 영역에서, 노동 시장으로 이주민을 포섭하는 것과 동시에 시민권, 영주권 부여의 금지나 제한적 부여에 입각한 정치적·사회적 영역에서의 배제가 공존하는 현상을 '코리안 드림'이라 규정한다.

39 이러한 여성의 선발, 이주, 파견, 관리 전반을 담당하고 있는 연예기획사는 그러한 업무를 위하여 「파견근로자보호 등에 관한 법률」에 따른 근로자 파견 사업의 허가를 받도록 되어 있다. 따라서 법적으로 연예기획사는 '파견 사업주,' 외국인 전용 유흥업소는 '사용 사업주,'

통제력을 강화하고 외국인 노동력을 효과적으로 착취하려면, 필리핀·베트남 등 경제적으로 취약한 국가 출신 노동자들을 인종적 위계의 하위에 배정해야 한다. 이들을 동일한 인간의 범주에서 배제해야 인권 담론의 보호로부터 분리할 수 있고, 따라서 값싼 노동력으로 이용할 수 있기 때문이다.

과거 수세적이고 감상적이었던 민족주의는 이러한 초국적 신자유주의 질서 속에서 자국민 보호라는 명목하에 노골적인 인종주의로 전환한다.[40] 이렇듯 양상을 달리하는 오늘날의 기지촌의 인종화 과정에서 여전히, 그러나 더욱 정교한 방식으로 중추적인 역할을 하는 것은 성과 빈곤의 이데올로기이다. 이어지는 글에서 좀 더 세밀하게 살펴보자.

V. 1990년대 이후 기지촌에서 성(性)과 빈곤 그리고 인종화

지구화 시대 여성의 이주는 개인의 선택이 아니라, 위에서 언급한 바와 같이 '국가 간 위계', '국민국가 내부의 계층 간 불평등', 가부장제와 젠더 등의 차원에서 여성이 경험하는 다층적 차별이 맞물려 만들어진 구조적 현상이다.[41] 일자리와 생계, 혹은 생명의 안전 등 다양한 이유로

E-6 비자 소지 이주 여성은 '파견 근로자'에 해당한다고 볼 수 있다.
40 이진경, 위의 글, 293.

출신국을 떠나게 되는 이유부터 타국에 도착하고 정착을 추구하는 모든 과정에 성과 빈곤에 의해 형성된 초국적인 인종 위계질서가 작동한다.

이와 관련하여 오늘날 기지촌 주변에서 발견되는 현상 중 하나는 이주 여성의 성 노동과 신체가 출신 국가의 경제적 지표, 인종, 문화적 고정관념을 통해 위계화된다는 사실이다.[42] 즉, 노동자의 출신 국가와 문화적 지표에 따라 한국, 러시아 그리고 다른 아시아 국가 출신 여성으로 하강하는 인종적 위계화 현상을 보이고 있는 것이다.

차등적 인종화는 단순히 문화적 고정관념에 따른 '취향'의 문제가 아니다. 소비자의 성적 욕망을 자극하기 위해 차별화된 이미지가 생산되고 소비되는 시장 구조 속에서 각기 다른 가격과 서비스 기대치를 정당화하는 시장 메커니즘의 결과이며, 노동 조건의 차별뿐 아니라, 법적 보호의 비대칭성으로 이어진다.[43]

이러한 기지촌의 성매매 시장에서 러시아와 동유럽 출신 여성은 "이국적이고 성적으로 개방된 백인 여성"으로 구성되어 상품화되며, 한국 남성들이 주요 구매자로 등장한다. 여성가족부 조사에 따르면 러시아 출신의 엔터테이너들은 나이트클럽에서 춤, 서빙, 친밀한 교류 등 다양한 서비스를 제공하는데, 이는 백인 여성에 대한 한국 남성들의 성적 판타지를 자극한다.

---

41 한정우, "필리핀 이주 기지촌 여성 '쥬시걸'의 민족지적 연구," 「여성학 논집」 31/2 (2014), 39.

42 Ibid.

43 Joon K. Kim & May Fu, "International Women in South Korea's Sex Industry: A New Commodity Frontier," *Asian Survey* 48/3 (2008/5-6), 493.

쳉세링(Sea-ling Cheng)은 이를 두고, 러시아 여성들은 한국 남성들에게 '서구적 섹슈얼리티와 이국적 매혹을 동시에 구현하는 존재'로서, '정복과 복수'의 환상을 투사하는 대상이 된다고 분석한다.[44] 「뉴스위크 코리아」 (*NEWS WEEK KOREA*)의 논평이 포착하듯, 한국 남성들은 러시아 여성의 성을 구매할 때 "서구 여성의 배에 태극기를 꽂는 것"과 같은 정복 욕구를 충족하며, "돈으로 무엇이든 살 수 있는 자본주의의 정수"를 누리고 있다는 환상을 갖게 되며, 나아가 자신들의 숨겨진 열등감이 '치료'된다고 생각하며 위로를 받는 것이다.[45] 즉, 한국 남성들에게 "서구 여성을 재정복한다"는 상징적 행위는 개인적 만족을 넘어 일종의 사회적 지위 회복으로 이해되고 있다.[46]

한편, 필리핀을 중심으로 하는 동남아시아 출신 이주 여성들은, 러시아 여성과 달리 "더 싸고, 통제가 가능하며, 순종적이고 침묵하는" 열등한 존재로 간주된다.[47] 이들 여성을 구매하는 이들은 한국 남성보다 외국인 남성 노동자, 즉 중동, 중국, 동남아시아 출신 저임금 노동자들이 주를

---

44 Sea-ling Cheng, "Assuming Manhood: Prostitution and Patriotic Passions in Korea," *East Asia* 18/4 (2000/겨울), 40-78, 재인용: Kim & Fu, "International Women in South Korea's Sex Industry," 493.

45 김세희·강정희, "인권 사각지대에 놓인 러시아 여성들," 「뉴스위크 코리아」 (2001. 7), 재인용; Joon K. Kim & May Fu, "International Women in South Korea's Sex Industry: A New Commodity Frontier," *Asian Survey* 48/3 (2008/5-6), 493, 512.

46 Sea-ling 위의 글, 69. 40-8, 재인용: Kim & Fu, "International Women in South Korea's Sex Industry," 493.

47 Stella Jang, "Dreams and Agency: The Journey of Filipino Migrant Wives in South Korea," Ph.D. diss., (The Australian National University, 2020).

이룬다. 이와 관련하여 한국 사회에는 동남아시아와 아프리카 이주민 문화를 '무질서한 성인식'을 가진 문화로 오해하는 편견도 발생한다. 예컨대 이들의 문화를 오로지 성적인 필요에 의해 만나는 방종한 연애관, 무분별한 경제관념, 높은 혼외 정사율, 모계 중심 가족구조를 가진 '병리적'인 문화로 간주하며, 부모들 또한 '무책임한 부모' 또는 '결함 있는 양육자'로 낙인찍어 자녀들과의 분리를 정당화하는 경우도 적지 않다.[48]

사법 제도 역시 이러한 인종화에 동조한다. 실제 판례에서 "필리핀 여성은 미군과 결혼하기 위해 한국에 온 것", "성매매를 알면서도 한국에 들어온 것", "체류 연장을 위한 거짓 고소", 혹은 "쉼터가 정부 지원금을 받기 위해 여성을 부추긴다"는 피고인의 주장을 인용하여 불기소 또는 무죄 판결의 근거로 삼은 사례도 있다.[49] 인종적 편견이 사법기관을 통해 제도적으로 재생산되는 양상이 적나라하게 드러나고 있는 것이다.

VI. 초국적 공간에서의 민족주의와 인종주의

한국 사회에서 나타나는 러시아 여성에 대한 선호와 필리핀 여성에 대한 기피는 본질적으로 인종주의와 여성 혐오 이데올로기에 뿌리를

---

48 Song Seung-Hyun, "'It's Just Subtle, Not Serious': What Koreans Miss When Downplaying Racism," *Korean Herald*, 2025. 1. 4.
49 신윤진, "예술흥행비자제도를 통한 이주 여성 고용의 인권 문제와 법적 과제: 인신매매에 대한 국제기준과 외국사례에 비추어," 「법학논총」 41/1 (2017), 150.

두고 있다. 표면적으로 러시아 여성에게는 호기심과 욕망이, 필리핀 여성에게는 멸시와 혐오가 투사되는 것처럼 보이는 동떨어진 현상이지만, 두 경우 모두 특정 여성 집단을 인종화하고 대상화하는 성과 빈곤의 이데올로기에 기반을 두고 있으며, 식민지 경험과 냉전 질서 속에서 형성된 한국 사회의 민족주의/인종주의와 긴밀하게 연동한다.

우선, 한국 남성들의 러시아 여성 선호는 손상된 민족주의적 남성성 회복과 연결되어 있다. 밝은 피부는 부와 권력을, 어두운 피부는 육체노동과 빈곤을 표상하는 사고는 그저 개인의 취향이 아니라 인종차별을 정당화하는 이데올로기적 장치이다. 과거 제국주의 식민 권력이 점령지의 남성을 열등한 존재로 규정하는 데 이용했던 이 이데올로기는 한국전쟁과 미군정 시기, 냉전 시기를 거치며 한국에서도 공고화되었고, 이를 통해 한국 남성은 백인에 비해 열등한 존재로 규정되는 사회적·정치적 남성성의 거세를 경험했다.[50] 준 킴(Joon Kim)과 메이 푸(May Fu)의 분석처럼, 이로 인해 상실된 자존심을 회복하려는 욕망은 여성을 성적으로 지배함으로써 결핍을 보상하려는 충동으로 전환되었다.[51]

2000년대 이후 국제적인 자본주의 질서 재편 과정의 맥락 속에서 이루어진 러시아 여성들의 기지촌 유입은, 한국 남성들이 자신들의 숨은 욕망을 자국 여성들뿐 아니라 동경과 열등감의 대상이었던 서구 여성들에

---

50 Joane Nagel, "Ethnicity and Sexuality," *Annual Review of Sociology* 26 (2000), 107-133.
51 Joon K. Kim and May Fu, 위의 글, 493.

게 발현시킬 토대를 마련한다. 즉, 급속한 자본주의 발전을 이룬 한국과 경제적으로 취약한 위치에 놓이게 된 러시아 사이 권력의 비대칭성을 통해 백인 여성이라 하더라도 상대적 빈곤 속에 놓인 여성들을 값싼 성적 자원으로 이용할 수 있는 위치를 점하게 된 것이다. 결과적으로 러시아와 동유럽 여성들로 대표되는 기지촌의 백인 여성은 한국 남성들의 상징적 정복의 대상이 되는 동시에 마음대로 소비·착취해도 되는 상품으로 취급되고 있는 것이다.

반대로 필리핀과 동남아시아 여성에 대한 인종화는 노골적인 혐오와 차별의 형식으로 드러난다. 인종 위계질서에서 하위에 위치한 이들 여성은 쉽게 통제되고 필요할 때 언제든 교체할 수 있는 존재로 취급된다. 따라서 단순히 저평가되는 노동력이 아니라, 한국 사회에서 혐오와 기피의 대상, 나아가 일상적 폭력의 표적으로 간주되기까지 한다. 이렇듯 어두운 피부를 가진 여성에 대한 차별 또한 위에서 언급한 서구 제국주의 인종 위계 담론의 연속이다.[52]

유럽의 식민주의는 점령지 남성을 열등한 존재로 규정하는 동시에 여성들을 성적으로 유형화하고 상품화했다. 그 결과 아시아 여성은 '성적으로 순응적', 아프리카 여성은 '성적으로 과잉'이라는 고정관념이 형성되었고, 이는 미디어·학문·대중문화 전반에 걸쳐 재생산되었다. 특히 필리핀의 경우, 냉전기 미군 주둔 속에서 "휴양과 오락"(rest and recreation)의 중심지

---

52 Jillian Hernández, "Racialized Sexuality: From Colonial Product to Creative Practice," *Oxford Research Encyclopedia of Literature* (2020/2/28), 2.

로 기능하면서 이 지역의 여성들은 '순종적이고 서비스 지향적인 아시아 여성'의 전형으로 굳어졌다.53 이러한 이미지는 단순히 성적 욕망의 대상이라는 차원을 넘어 가난하기 때문에 마음대로 착취할 수 있고, 심지어 폭력을 행사해도 된다는 인식과 결합했다. 다시 말해 필리핀 여성은 성적 순응성이라는 편견을 근거로 소비하고 착취해도 되는 존재로 이해되는 동시에 경제적 열등성을 이유로 동등한 인간으로 인정받지 못하고 배제와 혐오의 대상으로 간주되는 것이다. 한국 사회에서 필리핀 여성을 비롯한 동남아 이주민들에 대한 무시와 차별은 이 선입견의 연속선상에서 작동한다. 러시아 여성이 상징적 정복의 대상으로 한국 남성의 상실된 남성성을 회복하는 매개가 되었다면, 필리핀 여성은 혐오와 배제를 통해 사회적 위계를 재확인하고 안정화하는 도구로 위치 지워진 것이다.

이렇듯 러시아 여성에 대한 선호와 필리핀 여성에 대한 혐오는 모두 민족주의와 인종주의의 교차 지점에서 발생한다. 다시 말해 민족주의는 정복과 배제의 이중적 형태로 구체화되며, 이 과정에서 노골적인 인종주의로 전환한다. 민족주의의 정서에 자주 동원되는 욕망과 혐오, 정복과 배제의 수사들이 성·빈곤의 이데올로기와 결합해 인종주의적 질서를 유지하고 강화하는 두 얼굴로 작동한다는 것을 보여준다.

---

53 Anne McClintock, *Imperial Leather: Race, Gender, and Sexuality in the Colonial Contest* (New York: Routledge, 1995), 3; Yen Le Espiritu, "'We Don't Sleep around like White Girls Do': Family, Culture, and Gender in Filipina American Lives," *Signs* 26/2 (2001/겨울), 415-440.

VII. 가해와 피해의 도식을 넘어

그러나 오늘의 기지촌에서 성과 빈곤이 인종화와 결합하는 양상을 단순히 '(하위) 제국주의-신식민지,' '남성의 욕망-여성의 희생'이라는 이분법적 구도 속에서 파악할 수는 없다. 기지촌과 이주 현장에서 여성들은 수동적인 피해자로 머물지 않는다. 이들은 경제적 목적과 가족 부양을 이유로 혹은 송출국과 한국 사이에서 신변의 위협을 최소화하기 위해 전략적으로 자신의 위치를 선택하고 타협하는 행위 주체(agency)로서 사고하고 결정한다.

최근 연구들은 결혼 이주 여성이나 성 노동 종사자들이 단순한 착취의 대상이 아니라 주어진 조건 속에서 제도적 틈새를 활용하며 생존을 위한 조건과 권리를 모색하는 주체임을 강조하고 있다.[54] 성매매가 많은 여성에게 '생존전략(survival strategy)'으로 남아 있는 상황에서, 성 노동 종사자들을 가부장제와 자본주의로 인한 희생자인 동시에 도덕적 행위자로서 바라보는 것이다.[55] 이러한 접근은 성 노동 종사자들을 양산하는 동시에 낙인찍는 사회 구조에 대해 비판적 시각을 견지하는 한편, 그들이 살아가기 위해 선택해야 하는 많은 상황의 복합성과 다양성을 인정한다. 도덕적

---

[54] 이주 여성들의 동두천 지역에서 주체적인 행위를 통해 자신들의 공간을 만들어 가는 내러티브는 이 책에 실린 강슬기의 글에 잘 묘사되어 있다.

[55] Agnas Barazal, "Decriminalizing Prostitution in the Phlippines: A Christian Response to the Tragic?," *Hapág A Journal of Interdisciplinary Theological Research* (September 2008), 235.

판단을 보류하고, 보다 나은 선택을 할 수 있는 생존 기술과 창의성을 익힐 수 있는 개인적인 용기에 주목하는 것이다.56

변화된 기지촌 공간의 특성 또한 이분법적 구도로 판단할 수 없는 현실을 드러낸다. 과거와 달리 초국적 공간의 기지촌에서는 주둔 미군을 인종적 위계질서의 최상위자로 혹은 일방적 가해자로만 규정하기 어렵다. 한국에 배치된 다수의 미군은 빈곤한 사회계층이나 유색 인종 출신으로, 본국 사회에서 이미 구조적 배제를 경험한 이들이다. 미군 병사들은 범죄를 양산하는 가해자이기도 하지만, 제국주의적 군사 체제와 불평등한 국제질서에 의해 소비되는 또 다른 하위 계급이기도 하다.57 이진경이 언급한 "성적 프롤레타리아화"라는 개념처럼, 기지촌의 남성과 여성은 빈곤이라는 경험을 매개로 서로 조우하며, 이들의 관계는 폭력과 친밀성이 공존하는 복합적인 양상을 띤다.58

송출국 역시 단순한 피해국으로만 머물지 않는다. 송출국은 자국의 민족주의적 이해와 경제적 필요 속에서 여성의 노동과 몸을 해외로 내보내는 인종 자본주의의 공모자가 되기도 한다. 대다수의 송출국 정부는 남성보다 여성이 해외에서 벌어들인 소득을 본국으로 송금할 가능성이 크다는 점을 활용한다. 가난한 나라의 입장에서 가족과 공동체의 생존이 여성에게

---

56 Agnas Barazal, 241.
57 엘리자베스 쇼버/강경아 옮김, 『동맹의 풍경: 주한미군이 불러온 파문과 균열에 대한 조감도』 (서울: 나무연필, 2010), 4-5장.
58 이진경/나병철 옮김, 『서비스 이코노미: 한국의 군사주의, 성노동, 이주노동』 (서울: 소명출판, 2015), 38.

의존하게 되면서, 여성들이 전통적으로 담당하던 돌봄·재생산 노동이 해외 노동시장으로 확장된 까닭이다. 사스키아 사센(Saskia Sassen)은 이를 "생존의 여성화"(feminization of survival)라 명명했다.59 이 과정에서 국가는 적극적으로 여성의 해외 이주를 장려한다. 실제로 필리핀 정부의 노동 송출 정책은 국가 경제를 유지하는 핵심 수단으로 기능해 왔으며, 여성 노동자를 국가와 공동체 생존의 전략적 주체로 동원되고 있다.

기지촌 이주 여성 노동자들의 이야기는 종종 법과 정책 마련을 주도하는 제도와 주어진 기록을 토대로 하는 학술 담론에서 부차적으로 다뤄지거나 숫자로 환산되는 통계 속에 흡수되지만, 실제로는 국제 질서, 자본주의, 인종주의가 교차하는 현장에서 가장 주목해야 할 진실을 담고 있다. 따라서 한국 사회에서 성과 빈곤의 인종화가 어떻게 작동하는지를 깊이 있게 이해하기 위해서는 이주 여성 당사자들의 다양성을 존중하고 그들의 생존 전략, 선택 그리고 자기 삶을 재구성하려는 시도를 세밀히 살펴보아야 한다. 당사자들의 목소리를 듣고, 그들의 경험과 행위를 인정하는 동시에 구조적 차별을 넘어설 수 있는 새로운 언어와 상상력이 요청되는 것이다.

---

59 "생존의 여성화"는 사회, 국가, 가계가 경제적 지속과 생존을 위해 대개 낮은 임금으로 착취 받는 여성 노동력에 갈수록 더 많이 의존하게 되는 현상을 지칭한다. Saskia Sassen, "The Feminization of Survival: Alternative Global Circuits," in *Crossing Borders and Shifting Boundaries*, Vol. 1: *Gender on the Move*, ed. Mirjana Morokvasic, Umut Erel & Kyoko Shinozaki (Wiesbaden: VS Verlag für Sozialwissenschaften, 2003), 59-77.

VIII. 인종주의에 대응하는 신학적 성찰과 실천을 위한 제안

그렇다면 글로벌 자본주의와 인종주의가 교차하는 오늘날 기지촌의 현실에서 '가난한 이들을 위한 우선적 선택'을 실천하고자 하는 그리스도 교회는 어떻게 대응해야 할까? 역사 속에서 교회가 성서를 근거로 인종주의 이데올로기를 용인하고, 제국주의 국가들의 식민 통치와 원주민 착취를 정당화했던 과거를 반성한다면, 인종차별이 이미 심각한 수준인 한국 사회에서 성서와 교회의 가르침을 어떻게 해석하고 전유할 것인가는 반드시 또 시급하게 성찰하고 대응해야 할 중요한 과제다.

그리스도교 전통은 이러한 인종주의에 맞설 수 있는 풍부한 신학적 기초를 제공한다. 특히 가톨릭 사회교리의 중심인 "인간 존엄성 원칙"은 출신이나 문화에 대한 편견 없이 모든 사람 안에 존재하는 하느님의 모상을 인정하도록 가르친다. "가난한 이를 위한 우선적 선택"과 "연대성"의 원칙 또한 성 노동자와 미등록 이주민을 포함한 소외된 공동체를 향한 지속적인 관심과 보호를 요청한다.

사회교리가 추구하는 "공동선"은 모두가 함께 살아가는 사회를 위한 가치이다. 한국 사회의 가장 아픈 손가락 중 하나인 기지촌 이주 여성들에 대한 무관심과 차별을 묵과하는 것은 사회교리의 가르침에 어긋나는 것이다. 최근 들어 가톨릭 사회교리는 이주민과 난민 문제의 본질이 인종차별과 가난임을 보다 명확하게 인식하고, 성매매 또한 개인적 선택에 따른 "죄"라기보다 사회적, 경제적 불평등이라는 구조적 불의의 문제로 보는 경향이 강해졌다.

「복음의 기쁨」(*Evangelii Gaudium*, 2013), 「찬미받으소서」(*Laudato Si'*, 2015), 「모든 형제들」(*Fratelli Tuttie*, 2020) 등 교회의 공식적인 문헌들을 통해 지속적으로 이주민과 난민들에 대한 관심과 돌봄을 촉구하고, 성매매의 원인이 되는 인신매매와 현대판 노예제 또한 비판했던 프란치스코 교종의 노력과 소외된 이들을 위해 삶을 봉헌해 온 신자들의 꾸준한 활동 덕택이다. 이러한 세계 교회의 방향성은 기지촌 이주 여성 문제에 대해서도 교회가 적극적인 관심을 기울여야 한다는 것을 환기하지만, 한국교회에는 아직 이 흐름이 온전히 수용되지 못하고 있는 듯하다. 각 교구와 사목 현장에서 이주 사목을 위해 애쓰는 활동가들과 성직자가 점점 늘어나고 있다는 사실은 고무적이지만, 대부분 아직은 "어려운 처지에 있는 이웃을 돕는다"는 시혜적 인식에 머물러 있으며, 인종차별에 대한 명확한 인식과 대응은 미흡한 듯하다. 이를 위해 몇 가지 고려할 만한 관점을 제안한다.

첫째, 신자들이 인종주의 위험성을 인지하고 성서와 교회 문헌을 통해 해방과 평등의 가르침을 이해할 수 있도록 하는 적극적인 교육과 학습이 필요하다. 주지하듯 성서 안에는 다양한 목소리가 경합하며 공존한다. 구약성경에 노골적으로 드러나는 민족주의와 인종주의의 표상들을 역사적 맥락 속에서 다시 읽어, 이 표상들이 인종주의 이데올로기를 정당화하는 근거로 사용되지 않도록 하는 각별한 주의가 필요하다. 또한 민족의 경계를 뛰어넘어 해방과 평등을 선포하는 성서의 다양한 내러티브를 발굴하고, 교회 문헌들을 재해석하는 작업을 통해 인종주의에 대항할 수 있는 대안적 목소리를 찾는 노력도 필요하다.

둘째, 비판적 인종 이론과 페미니즘을 참고하여 교회의 가부장적 인식을 점검하고 기지촌의 성 노동에 종사하는 여성들이 처한 현실을 구조적으로 이해하려는 노력 또한 필요하다. 특히, 여성성을 "정결한 어머니"와 "타락한 여성"으로 이분화하는 낡은 신학은 인종적 위계와 결합할 때 특정 출신 국가 여성들에게 고정된 성적 이미지를 부여하는 경향으로 고착될 수 있다. 이러한 인식은 성 노동자들을 교회 밖으로 밀어내거나, 교회에 오더라도 자신의 처지를 숨기고 스스로를 소외시키게 되는 악순환을 불러온다. 또한 성 가정의 모범에 집착하여 핵가족 모델을 이상화하는 태도는 한국인 남성과 결혼하여 "정상적인" 가정을 이루고 있는 이주여성만을 교회의 "정당한" 구성원으로 인정하는 결과를 낳는다. 이러한 가정을 이루기 어려운 현실에 처한 기지촌의 여성 노동자들과 많은 이주노동자를 환대의 범주 밖으로 밀어내게 되는 것이다. 예수의 복음은 당대의 성적·종교적·사회적 경계들을 지속적으로 해체하는 것임을 기억하자. 사마리아 여인과의 대화, 간음한 여인에 대한 옹호 등은 모두 기존의 젠더 질서와 성적 규범에 대한 도전이었다.

셋째, 성 노동에 종사하는 여성들이 처한 구조적 문제점에 주목하기보다 "죄에서의 구원"이라는 내러티브를 통해 그들을 돕고자 하는 방식도 성찰해야 할 것이다. 기지촌 성 산업은 글로벌 자본주의, 인종주의, 다문화주의, 젠더 차별, 여성 혐오 등 이데올로기적인 요건 및 외국 여성들을 취약하게 만드는 이주 정책과 국가 시스템 등 복합적인 문제들이 연동하는 구조적인 문제이다. 개인의 참회와 도덕적 전향에만 초점을 맞춘다면, 도움을 받을 만한 가치가 있는 가난한 이들(deserving poor)과 그렇지 못한 이들(undeserving poor)을 구분하는 도덕적 위계를 만들어 낸다. 즉, "정직하고 근면한 가난"과 "도덕적으로 올바른 노동"에 종사하는 이들은 연민과 지원의 대상이 되지만, 기지촌 여성들과 같은 경우에는 본인이 선택한 "죄" 혹은 "비윤리적이고 타락한 가난"이라는 프레임에 묶여 비판과 멸시의 대상이 될 가능성이 있다. 성매매가 지구촌의 많은 여성에게 아직도 "생존 전략"(survival strategy)으로 남아 있다는 점을 고려한다면, "극단적인 악"과 "절대적인 선"의 이분법적 내러티브 속에서 그들을 바라보는 방식은 도움이 되지 않는다. 그러기 위해서는 기지촌 이주 여성들의 현실이 우리 모두가 처한 신자유주의적 세계화와 젠더 불평등의 연속선상에 놓여있다는 것을 인식하고, 무엇보다도 기지촌 여성들 당사자의 경험과 목소리를 존중하는 접근이 필요하다. 이주 성 노동 여성들의 개인적인 참회를 이끌어 내는 데 주력할 것이 아니라 그들과 연대하여 불의한 구조에 맞설 수 있어야 한다.

아그네스 브라잘(Agnes Brazal)은 성 노동 종사자들을 동반하는 교회와 교회 기구의 모델을 분석하는 논문에서, "선한 목자" 혹은 "어머니-교사"로서의 교회, "가족으로서의 교회"라는 전통적인 모델의 한계점을 지적하며 "연대의 다리"라는 새로운 모델을 제시한다. 성매매 피해자 지원활동에서 위의 세 가지 전통적인 교회 모델은 각각 고유한 장점과 한계를 지닌다.

"선한 목자 모델"은 안전한 피난처 제공이라는 즉각적 개입에 장점이 있으나, 일방적 구원자-피구원자 관계를 형성하여 생존자의 주체성을 간과하는 한계가 있다. "어머니-교사 모델"은 인권과 존엄성 교육을 제공하며 지속적인 성장을 도모하게끔 하는 장점이 있지만, 생존자에게 과도한

죄책감을 유발하고, 그들을 "속기 쉬운" 수동적 존재로 규정할 위험이 있다. "가족 모델"은 소속감과 상호 지지를 통한 정서적 회복이라는 장점을 지니지만, 가족에 의해 배신당한 피해자들에게는 오히려 트라우마를 유발할 수 있다.

"연대의 다리 모델"은 전통적인 세 모델의 장점을 살리고 한계를 보완하기 위한 대안이다. 이 모델은 교회를 일방적 구원자나 교사가 아닌, 분열된 공간을 연결하고 자유로운 이동을 가능케 하는 "사이 공간"으로 재정의한다. 여기서 핵심은 연대 개념으로, 생존자를 "병자"나 "수혜자"가 아닌 "자매"와 "동반자"로 인정하며 그들의 주체성과 삶에 대한 의지, 창의성을 존중한다. 교회는 일상적 책임과 교육 기회를 제공하되 신앙을 강요하지 않으며, 가족 부양 등 그들이 감당해야 할 경제적 현실을 부정하지 않는다. 대신 교회 안팎 다양한 기관들과의 협력을 통해 이들에 대한 낙인을 제거하고, 추가 피해를 예방하도록 힘을 실어 주며, 보다 나은 선택을 할 수 있도록 안전망을 만드는 것을 목표로 한다.[60]

기지촌 공간에서의 사목과 동반을 위해 가장 원칙적으로 강조되어야 할 것은 여성들의 경험과 이야기를 존중하는 것이다. 경청과 소통을 강조하는 시노달리타스적 접근이 다시 한번 상기되어야 할 이유다. 교리 중심의 접근을 내세운다면, 기존 교리와 부합하지 않는 모든 이야기를 오류로

---

60 Brazal, "Metaphorical Ecclesiology: Faith-based Responses to Sex Trafficking," Brazal, A. M. (2011). *Metaphorical ecclesiology: Faith-based responses to sex trafficking* (Concilium 3), 94-102. 98-101

간주하는 편견이 발생할 수 있다. 시노달리타스적 접근은 기지촌 여성들을 단순한 피해자가 아닌 행위자이자 주체로 인식하고, 그들의 개별적 체험에 주목할 수 있는 소통의 기회를 열어줄 수 있을 것이다. 인종주의적 차별 아래서 침묵을 강요당했던 기지촌 여성들의 아픔과 좌절을 판단하기보다 이해하기 시작한다면, 기지촌 여성들이 신앙적 성찰의 능동적 참여자가 될 가능성 또한 싹을 틔울 것이다.

IX. 마무리하며

이 글은 성(性)과 빈곤, 민족주의를 중심으로 기지촌이 단순히 역사 속에 묻힌 공간이 아니라, 성적 규율과 가난에 대한 관리를 통해 오늘날에도 끊임없이 인종적 위계를 형성하는 공간이라는 사실을 살펴보았다. 과거 한국 여성에게 부과되던 낙인과 배제가 오늘날에는 필리핀·러시아 등 이주 여성들의 성과 빈곤을 재조직하는 방식으로 이어지고 있다. 성은 몸을 규율하는 수단이 되고, 빈곤은 차별과 배제를 지속시키는 조건이 되면서, 민족주의 담론과 결합해 피부색·국적·언어의 차이를 사회적 위계로 전환시키는 인종화는 기지촌 안팎에서 지금 이 시간에도 재생산되고 있다.

기지촌 이주 여성들의 현실은 한국교회가 그리스도교 전통의 해방적 측면에 뿌리를 두면서도 모든 다양성 속에서 인간 존엄성을 존중하는 신학과 실천을 위한 과제를 안고 있음을 아프게 상기시킨다. 그러나 한편으로는 오랜 시간 교회사 속에서 반복되어 온 식민적 서사를 성찰하고, 소외된 이들의 경험과 관점으로부터 다시 출발할 기회를 제공한다. 또한 하느님의 정의와 자비에 대한 믿음을 기반으로, 인신매매를 철폐하고 인종차별을 거부하기 위해 국경을 넘어선 연대를 촉구해야 할 교회의 역할을 드러내기도 한다. 이를 현실화하기 위해서는 혐오에서 이해로, 동정에서 연대로, 자선과 시혜에 머물기보다 모두를 위한 해방으로, 영적인 구원에서 나아가 이 땅에 하느님 나라를 실현하고자 하는 패러다임의 전환이 절실하게 필요하다.

그리스도교적 응답은 바로 이 지점을 향해야 한다. 이주 여성들을 단순한 피해자가 아니라 주체로 인정하고, 성과 빈곤이 교차하는 현실을 구조적으로 분석하며, 교회 안팎에서 연대와 참여를 확장해야 한다. 동시에 강론과 교육에서 성적 도덕화나 가난의 낙인이 재생산되지 않도록 하는 비판적 성찰이 필요하다. 결국 기지촌의 기억은 성과 빈곤을 매개로 인종화가 어떻게 작동해 왔는지를 보여주는 역사적 증언이다. 교회가 이 기억을 외면하지 않고 연대와 해방의 실천으로 이어갈 때, 기지촌은 과거의 상처를 넘어 하느님 나라를 발견할 새로운 가능성의 자리가 될 수 있다.

기억하자. 교회가 진정한 복음의 증인이 될 수 있는가는 결국 가장 작은 이들과 함께 서는 용기에 달려 있다.

지은이 알림

강슬기는 천주교 의정부교구 의정부 엑소더스(EXODUS) 이주민 센터 활동가로, 이주민·난민의 인권과 존엄을 지키기 위해 동행, 상담, 옹호 활동을 펼치고 있다. 이주민과 난민이 스스로 말하고 행동하며 변화를 이끌어갈 수 있도록 이들의 조직화에 적극적으로 힘쓰고 있다.

김혜령은 기독교윤리를 전공한 신학자로 이화여자대학교 호크마교양대학에 교양교육 담당 교수로 재직하고 있다. 레비나스와 리쾨르, 데리다와 같은 프랑스 윤리 철학을 여성신학적으로 발전시키면서 현대 페미니즘 이론, 이주민, 질병자 연구로 연구의 범위를 확장하고 있다. 관련 다수의 학술 연구가 있으며, 대중서로는 《기독시민교양을 위한 나눔윤리학》과 《죽을 때까지 유쾌하게―약해진 자들과 동행하는 삶의 해석학》이 있다.

정경일은 성공회대 학술연구교수 및 심도학사 원장으로 있으면서, 차별과 혐오 없는 평등 세상을 바라는 그리스도인 네트워크, 4.16생명안전공원예배팀, 평화와신학 등에서 활동하고 있다. 저서로 《지금 우리에게 예수는 누구인가》가 있고, 공저로 《사회적 영성》, 《민중신학, 고통의 시대를 읽다》, 《아픔 넘어―고통의 인문학》

등 다수와, 역서 《신성한 목소리가 부른다》 등이 있다.

조민아는 구성신학과 영성신학을 전공한 신학자로, 현재 조지타운 대학교(Georgetown University. 워싱턴 DC)에서 교수로 재직하고 있다. 신비주의와 사회적 영성, 아시안/아시안 아메리칸 종교와 영성을 연구하고 있다. *The Silent God and the Silenced*, 《대화를 위한 여성신학》, 《일상과 신비》 외에 다수의 공저서와 논문이 있다.

기사연 책 시리즈 제1권(2025년 5월 출간)

'우리'라는 신화의 폭력 1
: 한국의 인종주의와 그리스도교

총론 | 왜 한국에서 인종주의와 그리스도교를 함께 논의해야 하는가 _ 김나미 · 조민아

1장 | 유대와 갈릴리, 남한과 북한에 '인종'이 있는가? _ 최진영

2장 | 일본의 이단아, 자이니치 디아스포라
　　　── 이민진 장편 소설 <파친코>와 자이니치 문학의 경우 _ 김응교

3장 | '빨갱이'의 인종화: 제주4.3사건과 그 '여파 속에서' _ 김나미

4장 | 한국 극우의 인종화 프로젝트와 '그리스도교국가론'
　　　── 이승만과 한경직을 중심으로 _ 김진호

5장 | 한국 인종주의와 차별 주체로서의 한국교회 다문화 목회 _ 이보영